Pour paraître prochainement

La deuxième partie, — traitant des règles pratiques du contrat d'assurance.

QUELQUES

CONSIDÉRATIONS

SUR

L'ASSURANCE

CONTRE L'INCENDIE,

PAR

AL. FABIEN.

PARIS,

TYPOGRAPHIE CHARLES DE MOURGUES FRÈRES

Successeurs de Vinchon,

RUE JEAN-JACQUES ROUSSEAU, 8.

1856.

PRÉFACE.

—

L'assurance maritime anciennement pratiquée est parfaitement connue, elle a trouvé sa place dans nos codes et dans notre ordre administratif. Il n'en est pas de même de l'assurance terrestre : création contemporaine, elle n'a pu être encore analysée par la doctrine ni par la jurisprudence d'une manière assez certaine, et la loi ne peut consacrer des principes qui ne sont pas encore bien fixés ; l'œuvre d'élaboration de la jurisprudence et du temps se continue.

Ce n'est pas à dire pour cela que l'assurance terrestre soit sans règle. La loi est quelquefois créatrice, quelquefois restrictive ; mais le plus souvent elle tient seulement le lieu des conventions absentes. Envisagée sous ce dernier caractère, elle est remplacée, dans l'état actuel des choses, par les polices des Compagnies, dont les clauses générales, moins parfaites, moins impartiales, moins obéies par les tribunaux, suffisent, en attendant mieux, aux besoins de la pratique. Ce mieux, c'est aux écrivains spéciaux à en hâter la venue.

Mais si le législateur ne peut pas encore intervenir dans l'assurance terrestre, il n'en est pas de même de l'administration. Elle a deux obligations à remplir. L'une est imposée par le Code de commerce : elle consiste à autoriser la formation des sociétés anonymes et à en surveiller l'action ; l'autre résulte des principes admis dans les matières analogues, et consiste à choisir et surveiller les intermédiaires qui s'entreposent entre les Compagnies et le public.

La première obligation est remplie et même outrepassée : l'administration nous paraît empiéter sur le pouvoir législatif en allant jusqu'à exiger ou interdire certaines stipulations qui devraient être laissées dans le domaine de la convention privée.

L'autre obligation est entièrement oubliée : aucun contrôle n'est exercé sur les personnes non associées qui se mêlent d'assurances terrestres.

Cette extension et cette abdication des pouvoirs administratifs sont également nuisibles au développement de l'assurance, et les écrivains spéciaux doivent réclamer vivement une intervention publique conforme aux principes.

C'est dans ce dernier sens que nous écrivons : l'organisation de l'assurance est notre objet principal. Engagé depuis quelques années dans la pratique, nous avons pris la plume pour mieux fixer les principes dans notre esprit ; notre attention, tournée d'abord vers les principes élémentaires, s'est bientôt portée vers les questions les plus générales : aujourd'hui quelques-unes de ces questions sont à l'ordre du jour, cela nous décide à rassembler nos notes et à les publier. Ce ne sont que des matériaux amassés lentement et rapprochés tout à coup : peut-être plus d'un paradoxe y est mêlé; mais nous avons la confiance qu'on y trouvera aussi quelques idées justes et fécondes, car nous avons été inspiré par le seul amour de la vérité, et il est bien rare que celui qui la cherche avec sincérité manque entièrement le but. Désintéressé dans les questions que nous traitons, nous ne plaidons ni pour un parti ni pour une affaire, et nous ne sortons pas du domaine purement spéculatif. Fort de l'indépendance et de l'impartialité dont nous avons conscience, nous ne craignons pas de pousser jusqu'aux dernières conséquences les opinions les plus radicales. C'est un procédé fort légitime quand nous ne faisons pas aux autres un crime de ne pas nous suivre dans cette voie ; rien n'est plus éloigné de notre pensée, et nous ne croyons pas qu'on puisse nous savoir mauvais gré d'une hardiesse qui ne cherche pas à s'imposer, qui ne compromet rien, et sans laquelle d'ailleurs aucun progrès ne serait jamais proposé ni réalisé.

[illegible] [illegible] [illegible] [illegible] [illegible]

[illegible] [illegible]

[illegible] [illegible]

QUELQUES CONSIDÉRATIONS

SUR

L'ASSURANCE CONTRE L'INCENDIE.

DÉFINITIONS PRÉLIMINAIRES.

L'art. 1964 du Code Napoléon est ainsi conçu : « Le contrat
« aléatoire est une convention réciproque dont les effets, quant
« aux avantages et aux pertes, soit pour toutes les parties, soit
« pour l'une ou plusieurs d'entre elles, dépendent d'un événe-
« ment incertain.

« Tels sont :

« Le contrat d'assurance,

« Le prêt à grosse aventure,

« Le jeû et le pari,

« Le contrat de rente viagère. »

Il y a donc cinq contrats aléatoires.

I. Le contrat d'assurance est un contrat synallagmatique,
aléatoire, par lequel une personne s'engage à payer à une autre
une somme déterminée ou aléatoire, moyennant laquelle la
dernière personne prend à sa charge une perte pécuniaire à laquelle la première est exposée.

La somme qu'on paye pour éviter la perte, se nomme *prime*.

La somme qu'on paye pour réparer la perte, se nomme *in-demnité*.

Celui que la perte menace, se nomme *assuré*; lui seul peut recevoir l'indemnité.

Celui qui payera l'indemnité, se nomme *assureur*; c'est lui qui reçoit la prime.

L'événement qui doit causer la perte s'appelle *risque*; quand il est accompli, il s'appelle *sinistre*.

Le contrat d'assurance est synallagmatique, par conséquent il crée deux obligations.

L'une est imposée à l'assuré, c'est le payement de la prime.

L'autre est imposée à l'assureur, c'est le payement de l'in-demnité.

La première a pour objet la prime, pour cause l'indemnité; la deuxième a pour objet l'indemnité, pour cause la prime.

Tous les événements incertains (quant à leur existence ou quant à leur époque), qui sont de nature à causer un préjudice pécuniaire (c'est-à-dire tels qu'au moyen d'une somme d'argent on puisse remettre les choses au même état que devant), peuvent donner lieu à un contrat d'assurance.

Dans ce contrat il peut y avoir deux perdants, l'assureur seul peut gagner; l'assuré doit toujours perdre le montant de la prime.

II. Tout événement incertain, quant à son existence ou à son époque, peut donner lieu à un pari.

Le pari est un contrat aléatoire, synallagmatique, par lequel une personne s'engage à payer à une autre une somme *arbitrairement* déterminée, si l'événement arrive ou arrive à telle époque, et l'autre prend aussi l'engagement de payer une somme *arbitrairement* déterminée dans le cas contraire.

La somme risquée de part et d'autre s'appelle enjeu.

Les contractants s'appellent parieurs.

Le contrat étant synallagmatique, il y a deux obligations.

Celle de chaque parieur a pour objet son enjeu, et pour cause l'enjeu de l'autre parieur.

Il y a toujours l'un des deux qui gagne et l'autre qui perd.

III. Tout événement incertain devant résulter de l'action d'une ou de plusieurs personnes, qu'il dépende du hasard, de l'adresse, des combinaisons ou de la force des personnes qui agissent, est l'élément d'un jeu.

Quand le jeu de l'un combat celui de l'autre, il y a lieu à un contrat de jeu, qui est un contrat synallagmatique aléatoire par lequel chacun des joueurs s'engage à payer à l'autre une somme *arbitrairement* déterminée, si cet autre réussit le premier à accomplir l'événement attendu.

Il y a toujours l'un des deux qui gagne et l'autre qui perd.

IV. Si l'événement incertain est un risque de mer, il y a lieu au prêt à grosse aventure. C'est un contrat par lequel une personne s'expose à perdre son capital pour gagner un gros intérêt.

Le prêteur perd sa créance si tels objets, déterminés par les règles du contrat, périssent en mer. Il a droit à l'intérêt fixé en cas d'heureuse arrivée.

L'obligation du prêteur a pour objet la créance, et pour cause les intérêts.

L'obligation de l'emprunteur a pour objet les intérêts, et pour cause la créance.

Le prêteur peut gagner les intérêts, alors l'emprunteur les perd.

Il peut perdre son capital, alors l'emprunteur ne gagne ni ne perd.

V. Si l'événement, incertain quant à son époque, est la mort d'une personne, il y a lieu au contrat de rente viagère.

La constitution de rente viagère est un contrat à titre oné-reux ou gratuit, synallagmatique ou unilatéral, aléatoire, par lequel une personne s'engage à payer une rente pendant toute la vie d'une autre personne.

L'obligation de celui qui constitue la rente, a pour objet une somme annuelle à payer, soit immédiatement, soit à telle époque, fixe ou dépendant d'un événement incertain, et jusqu'à la mort de la personne indiquée.

La cause de cette obligation, quand le contrat est à titre onéreux, est ou une somme à toucher immédiatement, ou une somme annuelle à toucher jusqu'à une époque fixe ou dépendant d'un événement incertain, ou toute autre obligation, aléatoire ou non, de la part de l'autre contractant.

Voilà les cinq contrats aléatoires. — Deux sont interdits par la loi : le jeu et le pari. Le contrat de rente viagère est réglé par le Code civil. Le contrat à la grosse est réglé par le Code de commerce. — Reste le contrat d'assurance, dont le développement est tout moderne, et qui fait l'objet de cet écrit.

Régie par le Code de commerce dans ses applications aux risques de mer, l'assurance n'est encore réglée par aucune loi dans ses applications aux autres risques, tels que l'incendie, la mort prématurée, la grêle, etc. Les considérations qui suivent pourront quelquefois être applicables à tous les genres d'assurances, mais ce ne sera jamais que le risque d'incendie que nous aurons en vue.

NATURE DE L'ASSURANCE.

C'est un principe important de toute législation qu'*il n'y a pas d'obligation sans cause*. Le vœu de la loi est que nous ne gagnions rien qui ne soit le produit de notre travail, c'est-à-dire que nous ne recevions aucune valeur sans nous en être procuré la possession soit par échange, soit par notre intelligence, notre industrie ou notre prévoyance.

Par conséquent, en principe général, tout contrat sera commutatif, c'est-à-dire la valeur qu'un contractant donne ou promet à l'autre, sera l'équivalent de la valeur que l'autre lui donne ou lui promet.

D'où il résulte que la loi voit d'un œil peu favorable les contrats de bienfaisance. Elle doit les permettre parce qu'elle ne peut pas effacer chez le donateur la pitié, la reconnaissance, l'amitié, la charité, qui en sont ordinairement les motifs : parce que, s'il est des cas où la donation viendra stipendier la paresse et l'hypocrisie d'un donataire indigne, il en est d'autres où elle ne fera que réparer l'infortune, récompenser le désintéressement et la probité ; mais elle doit les renfermer dans d'étroites limites.

Il n'en est pas de même des conventions qui reposent sur le hasard. L'homme, assez généralement, se plaît aux gains faciles et rapides. Plus le gain est grand et moins il exige de travail, plus il s'y porte avec empressement ; cet empressement devient une passion des plus violentes : on oublie les chances de perte ; on risque son avoir, on aboutit ou à un beau gain, ou à une grande perte. Eh bien ! ce gain immérité, cette perte sans compensation, sont un désordre social, un changement brusque et violent qui brise la carrière des individus, et s'ils se multiplient, la marche des affaires est troublée. Tout ce qui dépend du hasard, par conséquent les contrats aléatoires, sont prohibés par la loi.

C'est le principe général, mais il est bien loin d'être inflexible, puisque des cinq contrats aléatoires deux seulement, le jeu et le pari, ne sont pas reconnus par la loi. Les trois autres sont permis, et cela par application des principes qui ont amené l'exclusion générale.

Ce hasard, dont la loi n'aime pas les effets, n'existe pas moins ; le cas fortuit toujours éloigné, toujours imminent, nous menace sans cesse dans notre fortune ; à tout moment une perte irréparable peut nous frapper. Supposons que celui qu'elle menace paye une autre personne pour en courir la chance à sa place, il est clair que ce premier contractant n'éprouve aucun changement : il y a prévoyance de sa part, et la loi, qui n'aime pas les changements subits, doit l'encourager à se mettre à l'abri de ces changements moyennant une dépense légère à imputer sur le revenu.

Elle le devrait, au moins, si ce n'était pas abuser de l'imprudence ou de la folie d'autrui, que de nous décharger sur lui d'une chance de perte que nous trouvons trop lourde. Mais si l'assureur peut ce que ne pouvait pas l'assuré, s'il peut vaincre la chance de perte, alors le contrat devient parfaitement licite. C'est effectivement ce qui a lieu, car beaucoup sont exposés à perdre, mais tous ne perdent pas, ou du moins tous ne perdent pas en même temps, ni chacun tous les jours ; or l'assureur qui répare chaque jour *le petit nombre* des sinistres, reçoit chaque jour *de tous* une prime. Cette prime est légère pour chacun ; mais, fournie par tous, elle se répète plus d'une fois, et l'industrie de l'assureur consiste justement à calculer les probabilités, et à fixer les primes de manière à pouvoir suffire aux charges qu'il a acceptées, et dans lesquelles il comprend la rémunération de son travail. Il est donc utile à lui-même aussi bien qu'au public à qui il donne la sécurité, et son industrie mérite d'être encouragée.

C'est en effet ce qui a lieu : le contrat d'assurance est bien vu de la part de l'assuré, parce qu'il est un acte de sage prévoyance ; il est bien vu de la part de l'assureur, parce qu'il est l'adjonction d'une probabilité à beaucoup d'autres, qui deviennent par leur réunion une certitude, et font disparaître le hasard. En d'autres termes, l'assurance ne serait pas permise si elle n'était qu'un contrat ; elle est favorisée parce qu'elle a le double caractère de contrat et d'association.

Il résulte de là : 1° que l'assurance ne peut pas être gratuite : la promesse gratuite de réparer la perte serait une donation conditionnelle, non une assurance ; 2° que le contrat souscrit par un assureur particulier qui ne fait pas métier de l'assurance, est un contrat de bienfaisance.

L'assurance ne peut pas être gratuite, la prime en est l'élément essentiel. Sans prime il n'y a plus de sacrifice de la part de l'assuré; il n'y a plus cet acte de prévoyance qui rendait le contrat si moral; il n'y a plus que l'acceptation d'une donation conditionnelle. Nous ne sommes plus, comme tout à l'heure, en présence de l'homme prévoyant qui achète la sécurité, et de l'administrateur dont les calculs procurent à lui un profit, au public la sécurité; nous ne voyons plus que deux amis dont l'un fournit, l'autre reçoit un bienfait. Des règles de l'assurance il ne restera à appliquer à un tel contrat que celles qui concernent la constatation et l'évaluation du sinistre.

Mais suffira-t-il que l'assuré paye une prime insignifiante de quelques francs par an pour que l'obligation cesse d'être gratuite, pour que la convention ne soit plus un contrat de bienfaisance? Nous ne le pensons pas : nous voyons bien reparaître avec la prime l'homme prévoyant qui achète la sécurité, mais nous ne voyons en face de lui, ou qu'un fou qui prend une lourde charge sans compensation, ou qu'un donateur qui déguise sa donation conditionnelle sous un autre nom. Un tel contrat est une convention prohibée à ceux qui ne peuvent disposer à titre gratuit.

Le véritable contrat d'assurance, le seul que la loi ait voulu permettre, c'est celui qui est à titre onéreux, celui où l'assureur reçoit l'équivalent de ce qu'il fournit, ce qui n'arrive que lorsqu'il fait métier de l'assurance. Il assure alors beaucoup de particuliers : tous ne sont pas atteints d'un sinistre, mais tous payent une prime ; cette prime universelle équivaut aux rares indemnités, et le contrat se trouve onéreux. Chacun des contrats, pris à part, manque de ce caractère ; mais tous réunis le possèdent, parce que les petits payements faits par tous répondent aux grands payements à faire à quelques-uns ; cette manière d'employer les ressources communes constitue justement le principe d'association. Ce principe est donc la base de l'assurance, ce qui nous conduit à la définition suivante : l'assurance est une association financière reposant sur plusieurs contrats, par chacun desquels un assuré s'oblige à payer une prime déter-

minée à un assureur, qui s'oblige de son côté à payer une indemnité éventuelle déterminée, de laquelle association l'objet
est de percevoir assez de primes pour payer les quelques indemnités dont l'éventualité se réalisera.

DE LA PRIME.

La prime, avons-nous dit, et cela résulte encore de cette
définition, est un élément essentiel de l'assurance. Elle est le
prix du risque couru par l'assureur.

La prime peut être fixe ou variable. Quand elle est fixe,
l'obligation de l'assureur est seule aléatoire. Quand elle est
variable, l'obligation de l'assuré est aléatoire comme celle de
l'assureur. Cependant, même dans ce cas, une prime fixe est
stipulée, au-delà de laquelle l'obligation de l'assuré ne peut
s'élever; quand les besoins de l'assureur n'atteignent pas le
montant de cette prime fixe, l'assuré profite d'une diminution
plus ou moins considérable suivant le montant des sinistres à
payer. Cette diminution de prime peut se faire avec plus ou
moins de libéralité ; elle est la base de la mutualité, ainsi que
nous le verrons plus loin ; quand elle est pratiquée par les
Compagnies dites à prime fixe, elle se réduit à une participation, plus ou moins légère, aux bénéfices à réaliser par les
actionnaires, qui sont toujours l'affaire principale.

Sous un autre point de vue, il y a encore deux genres de
prime différant assez notablement. Elle peut être unique ou
périodique. La nature du risque une fois déterminée, on doit
encore, pour faire une assurance, en déterminer le temps et le
lieu. Le lieu n'influe aucunement sur la nature de la prime ; le
temps, au contraire, la modifie. Quand le temps est illimité, le
risque est continu, non interrompu, et la prime est périodique :
la période est alors d'une année, et la prime entière de chaque
année est acquise à l'assureur aussitôt que le risque de cette
année commence à courir, et cela recommence ainsi chaque

année, jusqu'à l'époque où l'assurance est stipulée devoir cesser quoique le risque continue à courir. Si, au contraire, le risque est de telle nature qu'il commence à courir par un fait donné, et finisse par un autre fait donné, le temps du risque est limité, et la prime est acquise du moment où le risque a commencé. Il se peut, dans ce cas, qu'après une suspension les mêmes faits fassent de nouveau commencer et finir le même risque ; quelque nombre de fois que cette suspension et cette reprise doivent avoir lieu, chaque nouvelle mise en risque constitue une assurance à part, lors même qu'une seule police serait faite pour *assurer* pendant un nombre d'années déterminé ces risques successifs et interrompus, moyennant une prime annuelle. Les règles de payement de la prime périodique ne sont pas entièrement semblables à celles du payement des primes uniques successives.

Les questions que nous allons examiner ne demandent pas de plus amples développements à cet égard, et nous nous bornerons ici aux idées générales qui viennent d'être énoncées.

DE LA PRIME FIXE ET DE LA MUTUALITÉ.

Nous avons défini tout à l'heure l'assurance, une association résultant de plusieurs contrats. Les règles du contrat qui ont pour unique but de déterminer la prime et l'indemnité, et les cas où l'une et l'autre sont dues, sont les mêmes pour toutes les Compagnies. Les règles de l'association, au contraire, sont essentiellement variables suivant les Compagnies.

Ces règles, qui constituent l'organisation d'une Compagnie, peuvent se produire sous deux formes tout à fait distinctes. Toujours l'assurance repose sur le principe d'association en vertu duquel tous contribuent pour que ceux qui perdent reçoivent seuls. Mais ce principe peut être exploité par un financier, le plus souvent par une compagnie anonyme, qui traite séparément avec chaque particulier, assumant toutes les charges et tous les avantages de l'association, et faisant spéculation de la balance de ces charges et avantages. Il peut être, au contraire, exploité par un mandataire gérant l'association pour le compte des particuliers qui contractent assurance.

Dans le contrat d'assurance, il y a une telle disproportion entre l'obligation de l'assureur et celle de l'assuré, qu'il faut à ce dernier une garantie plus forte que l'action judiciaire qui résulte du contrat. Tout le monde sait en quoi consiste la garantie offerte par une Compagnie commerciale qui affecte un capital à cet objet : c'est le premier des systèmes que nous venons d'indiquer, dans lequel un capitaliste pratique les règles de l'association à ses risques et périls. Dans le second système, l'association elle-même constitue la garantie offerte à l'assuré. Il n'y a plus un seul assuré, obligé pour une petite somme, en face d'un seul assureur, obligé pour une forte somme, mais un seul assuré en face d'une foule d'assureurs obligés chacun pour une faible somme. Chacun, dans ce système, est en même temps assureur comme devant payer la prime, et assuré comme pouvant recevoir l'indemnité, sans autre intermédiaire entre chaque assuré et tous les assureurs, que le mandataire, dépositaire des fonds ; et, la responsabilité de chacun étant en rapport avec son obligation, il n'y a plus besoin de garantie que pour la constatation du fait d'association. L'association ainsi pratiquée directement est ce qu'on appelle *mutualité*. Une société mutuelle prend la forme anonyme, et comme toute autre société anonyme doit être soumise à l'autorisation et à la surveillance du Gouvernement. Elle doit, législativement parlant au moins, être considérée comme société de commerce, et forme une personne civile. Chaque sociétaire, considéré comme assureur, est dans la situation d'un actionnaire, c'est-à-dire obligé jusqu'à concurrence de son obligation seulement, et sans solidarité.

Les Compagnies d'actionnaires pourraient assurément stipuler une prime variant avec la quotité des sinistres, mais elles ne le font pas en pratique, et stipulent toujours une prime fixe et payable d'avance : c'est ce qui leur a fait donner le nom de

Compagnies à prime fixe. Si quelquefois elles introduisent dans leurs contrats la variabilité de la prime, c'est seulement sous forme de participation aux bénéfices : alors la prime fixe, qui se paye d'avance, reste la même, et ce n'est qu'à la fin de l'exercice social que la part de bénéfice peut être versée entre les mains de l'assuré, ou compensée avec la nouvelle prime exigible (1) ; mais quelque largement qu'une Compagnie à prime fixe pratique ce système, son caractère principal est toujours celui d'un spéculateur qui assume la chance aléatoire moyennant une prime fixe, payée d'avance, sur laquelle il doit trouver son bénéfice.

Le caractère principal d'une Compagnie mutuelle, au contraire, est celui d'un simple répartiteur, chargé de calculer, quand les charges sociales sont connues, la portion dont chaque sociétaire est tenu ; cette contribution ou prime est essentiellement variable, et par cela même n'est payable qu'à la fin de chaque année ; elle exclut toute idée de bénéfice.

On voit que de la nature même des deux systèmes découle forcément, pour l'un la fixité, pour l'autre la variabilité de la prime. Cette différence n'est qu'un résultat de la différence des principes : néanmoins on s'est habitué, dans la pratique, à y voir le caractère différentiel des deux systèmes. Cette opinion est erronée : la différence, nous le répétons, réside dans l'organisation financière, qui applique directement le principe d'association, ou en remet l'application aux mains d'un spéculateur.

Cela est d'autant plus vrai que, non-seulement, ainsi que nous l'avons dit plus haut, la prime perçue par le spéculateur peut se trouver en fin de compte variable, quand l'assuré participe aux bénéfices, mais encore la Compagnie mutuelle a, et ne peut pas se passer d'avoir une prime fixe. En effet la mutualité est l'association de deux, trois, quatre mille particuliers qui

---

(1) Nous ne parlons ici qu'en théorie, nous n'examinons pas la pratique.

s'obligent réciproquement à indemniser celui ou ceux d'entre eux qui seront atteints d'un sinistre; mais ils ne contribuent pas par portions viriles : ils contribuent en proportion, d'abord de l'indemnité qu'ils peuvent éventuellement recevoir, ensuite de la gravité du danger qui les menace. On détermine cette proportion dans le contrat d'assurance mutuelle, comme la prime dans le contrat d'assurance à prime fixe, c'est-à-dire en multipliant le taux de l'assurance par le capital assuré. Cette opération donne un chiffre immuable; mais en prime fixe ce chiffre représente la somme qu'on devra payer annuellement, tandis qu'en mutualité il représente une somme qu'on ne doit jamais payer. On pourra la payer, légalement parlant, parce qu'elle est la limite de l'obligation de chaque sociétaire assureur, comme le capital nominal d'une action est la limite de l'obligation d'un actionnaire ; mais, pratiquement parlant, cette limite ne sera jamais atteinte, parce qu'elle est toujours de beaucoup supérieure aux probabilités que la statistique fait connaître. Le sociétaire mutualiste a deux intérêts. Le plus important est celui d'assuré : il doit être certain qu'en cas de sinistre l'indemnité lui sera payée intégralement : pour qu'il ait cette certitude, il faut que la solvabilité de la Compagnie soit supérieure aux pires éventualités ; cette solvabilité naissant de l'obligation maximum successivement imposée à chacun des assurés, on a dû fortement élever ce maximum, seule garantie des assurés. Mais on s'est trouvé alors en présence du second intérêt du mutualiste, celui d'assureur : cet intérêt doit être sauvegardé comme le premier, et c'est pour cela seulement que l'obligation est limitée. Quelque certains que soient les documents statistiques, quelque confiance que méritent l'organisation et l'administration, on ne peut placer le sociétaire sous le coup d'une obligation permanente et illimitée. Une prime maximum est donc fixée : elle est exorbitante, le payement en serait une charge lourde, une mauvaise affaire, une perte, mais enfin la perte est limitée et supportable. Cette éventualité ruineuse une fois admise par prudence, il reste établi qu'elle est presque *impossible*, et le sociétaire suit comme assureur la foi de la société. Chaque année on totalise les primes maximum de tous les sociétaires, qui constituent la garantie sociale ; on fait le compte des charges sociales ; on voit quelle fraction de la garantie elles représentent ; et la prime due par chacun est une fraction égale de son obligation maximum fixe. Voilà dans toute sa simplicité le système mutuel.

Les charges sociales sont les mêmes pour une Compagnie à prime fixe et pour une Compagnie mutuelle, elles se composent des sinistres et des frais généraux ; l'excédant de recette, dans une Compagnie à prime fixe, constitue le bénéfice des actionnaires : il n'y a pas d'excédant dans une Compagnie mutuelle ; l'assurance mutuelle coûte donc moins cher. C'est le cas ordinaire ; mais si la Compagnie ne prospère pas, de même qu'on a vu des Compagnies à prime fixe ruiner leurs actionnaires, on pourrait voir des Compagnies mutuelles faire payer aux assurés plus que la prime fixe : c'est le danger de ce genre d'assurance.

On voit que les deux systèmes ont leurs avantages et leurs inconvénients, peuvent également prospérer ou périr, et à crédit égal sont également dignes de la faveur du public, qui ne peut que gagner à la rivalité produite par la diversité des systèmes.

Cette rivalité est assez vive dans la pratique. Les Compagnies à prime font fortement valoir contre la mutualité l'élévation possible des primes. Les Compagnies mutuelles invoquent au contraire l'infériorité de leurs prix, et le désintéressement qu'en cas de sinistre les assurés peuvent attendre d'elles, puisque, ne faisant pas de bénéfices, elles n'ont pas d'intérêt opposé au leur.

Mais à côté de ces arguments et de bien d'autres du même genre qui sont de pure controverse, il en est un tout matériel que les Compagnies mutuelles cherchent à faire tourner à leur avantage : c'est l'infériorité du premier payement que les assurés ont à faire en recevant leur police d'assurance.

Nous avons dit que l'assurance à prime fixe se paye d'avance ; en recevant sa police un assuré paye donc la première année d'avance, il paye ce qu'il aura à payer tous les ans, et les fonds ainsi perçus d'avance servent à la Compagnie pour faire face à ses dépenses journalières sans entamer le capital social.

Les Compagnies mutuelles ont les mêmes dépenses journalières, et, pour y faire face, elles ont d'autant plus besoin de percevoir quelque chose d'avance qu'elles n'ont pas d'autre ressource que la bourse de leurs sociétaires. Cependant nous avons vu que la prime aléatoire ne peut être perçue qu'à la fin de l'année, quand la réalisation des sinistres permet de la déterminer. À moins de recourir à l'emprunt, ce qui ne serait pas toujours facile, mais serait toujours onéreux à cause du payement des intérêts, on doit demander aux sociétaires, en leur remettant leur police, une avance qui corresponde à la prime payée d'avance. Cette avance reste la propriété de l'assuré, et lui sera rendue à la fin de son assurance ; mais il est rare qu'il la considère ainsi : le plus éclairé, sachant qu'il ne peut éviter de suivre la foi de la Compagnie, n'approfondit pas les choses, et considère ce premier payement comme l'indice, sinon exact, au moins très-approximatif, de ce qu'il aura à payer par la suite. En abaissant la somme on allèche le public, en l'élevant on augmente les ressources disponibles ; entre une réduction exagérée qui serait une sorte de fraude, et une élévation trop forte qui empêcherait les affaires, plusieurs fixations intermédiaires peuvent être et sont effectivement adoptées dans la pratique : quelquefois même, en raison de diverses circonstances, une Compagnie modifie le chiffre qu'elle avait d'abord adopté.

Ce versement, qu'on nomme dépôt de garantie, est la première application que soit appelé à recevoir un contrat d'assurance mutuelle : il est l'acte d'un actionnaire bien plus que d'un assuré et, par cela même, complète l'exposé du système mutuel, en rendant sensible la séparation des deux qualités d'assureur et d'assuré, qui ne se confondent pas quoique réunies sur la même tête.

DU TARIF.

Nous avons posé en principe qu'il ne peut y avoir contrat d'assurance sans la détermination d'une prime irrévocablement fixée, qu'elle soit exigible en entier tous les ans, ou réductible chaque année dans une proportion variable.

Cette prime doit être, autant que la nature du contrat le permet, le juste prix du danger couru par l'assureur. C'est pourquoi on proportionne la prime à la valeur assurée et à la gravité du risque. Mille francs est la somme adoptée en pratique comme unité de valeur : le taux, ou prime fixée pour mille francs, est donc en même temps la mesure du risque et l'élément de fixation de la prime.

La fixation du taux, reconnue indispensable, étant la mesure du risque, ne peut pas se faire arbitrairement : il faut des règles générales auxquelles on puisse rapporter les cas particuliers. Ces règles consistent dans l'énumération des principaux risques avec l'indication du taux afférent à chacun. Cela s'appelle un tarif.

Certaines Compagnies prenant le risque le moins dangereux comme unité de tarif, fixant un taux pour ce risque, et doublant, triplant, décuplant ce taux, produisent dix catégories ou classes. Leur tarif n'est alors que la répartition des principaux risques dans ces dix classes.

Cette méthode est très-simple, mais elle n'est pas suffisante. Il y a une infinité de degrés dans le danger que présentent les risques ; il y a une telle variété que la convention doit intervenir pour appliquer, compléter et souvent modifier le tarif : la construction, le voisinage, la profession, l'importance de l'établissement assuré, l'agglomération de beaucoup d'objets, l'agencement intérieur des bâtiments, les moyens de secours, quelquefois le caractère et les habitudes de l'assuré, sont autant d'éléments que l'expérience d'un assureur exercé éprouve quelque difficulté à bien apprécier, que l'assuré fait valoir de son côté, et l'on doit comprendre que les multiples entiers d'un premier risque choisi comme unité, n'échelonnent pas suffisamment les prix, et gênent la classification intelligente. Pour certaines professions, par exemple, l'addition de quelques pièces de charpente à un bâtiment en pierres va doubler le danger ; pour d'autres, cette addition sera insignifiante, et le taux devra être fort peu augmenté. Aussi, la plupart des Compagnies ont rejeté la méthode des dix classes pour mettre dans leurs tarifs une grande variété, qui porte non-seulement sur les taux indiqués pour les différents risques, mais aussi sur la proportion dans laquelle ces taux augmentent, pour chaque risque, à mesure que la construction devient plus combustible.

La règle générale ainsi établie par chaque Compagnie subit toutes les dérogations dont la convention particulière est susceptible, mais elle reste comme un jalon sur lequel la Compagnie se guide toujours. Les Compagnies à prime fixe, animées de l'esprit de coalition, ont adopté un tarif commun, et s'entendent le plus souvent pour ne le modifier que d'un commun accord, quand l'expérience montre la nécessité d'une modification. Il n'en est pas de même des Compagnies mutuelles : ne faisant pas de bénéfices, et ne voyant pas à la communauté de tarif d'autre avantage que celui de coalition, opérant pour la plupart dans des localités différentes, elles ont adopté chacune un tarif particulier, fort différent de tous les autres ; elles n'ont aucun lien commun, et restent, dans les modifications qu'elles peuvent apporter à leurs tarifs, complétement étrangères, soit entre elles, soit aux Compagnies à prime.

Cette diversité de tarifs est fâcheuse ; car, s'il en est un équitable, il faut nécessairement que les autres ne le soient pas. Nous voyons dans l'assurance une association, c'est-à-dire la réunion de plusieurs ou de beaucoup de forces individuelles : chaque individu apporte un peu des siennes, en échange de quoi l'association lui prête l'appui de sa puissance quand il en a besoin ; ainsi est produit l'État, ainsi, disons-nous, et sur une échelle moins vaste, est produite l'assurance ; mais cette petite

association que l'État laisse former dans son sein, il doit la surveiller, il doit exiger qu'elle gère bien l'intérêt commun dont elle
a pris la direction : or, l'une des obligations des Compagnies est
de ne faire payer à chaque assuré que le juste prix du risque
qu'il lui fait courir ; l'État doit veiller à ce que cette obligation
soit remplie. Il n'a pas besoin pour cela de contrôler chaque
contrat, ce qui serait une gêne à la liberté des stipulations, une
chose impossible, et presque un équivalent de la reprise des
assurances par l'État ; il n'a pas besoin de se prononcer entre
les systèmes de la mutualité et de la commandite, de la prime
fixe ou variable, ni d'arrêter la concurrence des Compagnies et
des systèmes, dont la multiplicité est favorable au progrès et
utile au public. Il lui suffit d'établir l'unité de tarif, d'imposer
à toutes les Compagnies une mesure des risques qui soit le
résultat le plus authentique de l'expérience et de la statistique.

En effet, nous avons dit que l'industrie de l'assureur consiste uniquement à calculer les probabilités et à fixer les primes
de manière à pouvoir suffire aux charges qu'il a acceptées. Or,
le tarif n'est pas autre chose que la mesure de ces probabilités,
on peut toujours y déroger, il ne gêne pas plus la liberté des
stipulations en matière de taux, que les mercuriales ne gênent
le commerce des grains dans ses opérations ; et puisque la vérité
est une et qu'il ne peut pas y avoir à la fois deux mesures différentes et exactes des mêmes probabilités, nous ne voyons pas
quelle objection raisonnable on peut faire à l'unité de tarif si elle
est chose possible.

Elle est possible entre les Compagnies à prime fixe, puisque
déjà elle existe entre elles, par conséquent, elle doit l'être entre
les Compagnies mutuelles ; et bien certainement alors elle l'est
également entre les Compagnies à prime fixe et mutuelles réunies, si la rivalité qui les sépare sur d'autres points ne les empêche pas de s'entendre sur celui-ci.

Les directeurs des principales Compagnies à prime ont fondé

depuis longtemps un comité où ils traitent les questions d'un intérêt commun, et principalement les questions de tarif. Il suffit de leur adjoindre tous les autres directeurs de Compagnies, tant à prime que mutuelles, et de faire présider le comité, ainsi composé, par un commissaire du gouvernement représentant l'intérêt public. Les intérêts de tous les assureurs seraient représentés dans ce comité, on y aurait tous les documents de première source, et il pourrait faire faire de grands progrès à la théorie de l'assurance. Quant au tarif, dont nous sommes ici préoccupé, il faut qu'il puisse également servir aux Compagnies mutuelles et aux Compagnies à prime, et pour cela nous pensons qu'il suffit d'y porter les taux de la prime fixe dont le tarif actuel pourrait servir au début, sauf quelques changements pour faire disparaître les écarts les plus grands. La fusion des divers tarifs s'opérerait ensuite peu à peu, au fur et à mesure des besoins, et bien plus sagement que par un remaniement entier et subit.

Un tel tarif, contenant les taux de la prime fixe, ne peut être appliqué directement par les Compagnies mutuelles, dont la prime maximum doit nécessairement être supérieure à la prime fixe; les statuts des Compagnies mutuelles auront donc à indiquer un multiple de la prime portée au tarif, qui sera adopté comme maximum. L'importance de ce maximum, étant la seule garantie pécuniaire offerte aux assurés, est un objet d'organisation intérieure, et chaque Compagnie doit rester libre de le déterminer à son gré. L'une pourra le fixer au double de la prime, une autre au triple, une autre au décuple, mais toujours le tarif sera le point de départ, et l'on voit combien le petit calcul nécessaire pour l'appliquer sera simple.

Nous avons dit que le tarif est la mesure officielle des risques, la constatation statistique des probabilités : il résulte de cela que les Compagnies resteront libres d'y faire telles dérogations générales ou particulières qu'il leur plaira, mais que le tarif lui-même, seul renseignement officiel, ne pourra jamais subir de changement que par décision du comité, rendue à la majorité des voix.

La Compagnie mutuelle, qui ne cherche pas de bénéfices, n'a rien à objecter à cette constatation officielle des probabilités. Au premier coup d'œil, la Compagnie à prime fixe semblerait peut-être fondée à se plaindre d'une telle institution, qui ne lui permettrait plus d'élever ni d'abaisser ses prix sans dévoiler un esprit de monopole et de concurrence. Mais, nous le répétons ici, même dans une Compagnie d'actionnaires, l'assureur a dans les mains l'administration de l'intérêt commun des assurés; outre son caractère de spéculateur, il a, en quelque sorte, celui de mandataire, qui lui défend, sinon de spéculer, au moins de spéculer sur l'ignorance et la confiance du public. Cette confiance, les Compagnies l'obtiennent facilement, et par leur apparence administrative, et par le caractère demi public que semble leur donner l'intervention du gouvernement dans leur formation; il est bon que quelque chose fasse entrevoir l'esprit de gain qui les anime. Ce résultat, loin d'être une objection contre l'unité de tarif, nous paraît au contraire, un argument de plus en sa faveur.

DES COURTIERS ET DES COMMISSIONS.

Entre les Compagnies et les assurés gravite un nouveau personnage, le courtier d'assurance, l'intermédiaire qui découvre les assurances à faire et les procure aux Compagnies. Le courtier n'est pas un employé, c'est un particulier qui conserve toute sa liberté d'action : il cherche les assurances, et choisit la Compagnie à laquelle il va les offrir; il est l'unique propriétaire de sa clientèle, et reçoit des Compagnies, pour chaque assurance qu'il fournit, une commission en rapport avec l'importance de l'affaire. Or, le montant de la prime est la vraie mesure de l'importance d'une assurance : c'est donc sur la prime et non sur le capital assuré qu'on doit calculer la commission, si on la veut fixer équitablement ; nous voudrions qu'il en fût nécessairement ainsi.

Partant de là et de ce principe que l'assurance, contrat aléatoire, n'est permise qu'à cause du caractère d'utilité publique qu'elle possède, nous disons qu'il faut que la rétribution des courtiers, tout en récompensant équitablement leur travail, ne devienne pas pour les Compagnies une charge quelquefois supérieure à celle des sinistres. La concurrence des Compagnies a engendré et tend à laisser subsister des commissions exorbitantes. Une Compagnie qui voudrait réagir seule contre cet état de choses, serait abandonnée par les courtiers, et ne ferait plus d'affaires. Mais si, par le ministère du comité, elles s'entendent pour payer toutes une commission égale, la commission réduite attirera autant d'affaires que le fait aujourd'hui la commission exagérée, et la diminution produite dans les charges administratives profitera nécessairement aux assurés. Nous chargerons donc le comité, qui règle déjà, dans notre système, les prix du tarif, de régler aussi le taux des commissions. Seulement, le tarif n'est pas obligatoire, tandis que le taux des commissions ainsi déterminé doit l'être ; autrement on retomberait dans la concurrence exagérée à laquelle nous voulons mettre fin ; on pourra donner une commission moindre, mais on n'en pourra jamais donner une plus forte.

Dans l'état présent des assurances, le taux qui nous paraîtrait le plus équitable, serait celui de 50 °/₀ du montant de la prime. Mais cette fixation ne doit pas être faite d'une manière définitive, car les besoins peuvent changer suivant les temps et les lieux : il faut qu'elle soit laissée à l'arbitraire du comité. Composé de directeurs, il est, par sa nature, placé entre le désir de diminuer les charges générales, et celui d'obtenir beaucoup d'affaires, ce qui ne peut avoir lieu qu'en payant convenablement les intermédiaires ; on peut être certain qu'il saura trouver le juste milieu.

Une fois le taux réglé, l'observation du règlement serait tout naturellement surveillée réciproquement par les diverses Compagnies.

Quant à l'application, rien n'est plus simple. S'il s'agit d'une Compagnie à prime, elle donne une commission égale à la moitié de la prime annuelle fixée par la police. S'il s'agit d'une Compagnie mutuelle, nous savons qu'elle a adopté pour son maximum de garantie, un multiple du tarif ; supposons que ce multiple soit 3 ; elle donnera une commission égale à la moitié du tiers, ou au sixème du maximum de garantie fixé par la police, c'est-à-dire une somme égale à celle que vient de donner la Compagnie à prime, en supposant qu'il n'ait été dérogé au tarif ni de part ni d'autre. Si une Compagnie déroge au tarif en réduisant la prime, elle réduit en même temps la commission et mécontente le courtier ; si au contraire elle élève la prime, elle satisfait le courtier mais elle éloigne l'assuré. Placées entre ces deux intérêts contraires, les Compagnies ont autant de profit à rester dans la règle commune qu'à en sortir ; le tarif unique est pratiqué par toutes, et l'esprit de concurrence, au lieu de lutter sur le terrain du tarif, est obligé de se jeter dans la voie du progrès, au plus grand bien de tous.

Du reste, l'obligation de se conformer au taux régulier des commissions n'empêcherait pas les Compagnies de donner à leurs courtiers des appointements fixes en sus de leurs commissions. Ces appointements ne peuvent pas donner lieu à la même exagération que les commissions illimitées. Ils sont la récompense d'une moralité et d'une activité éprouvées, et le prix en même temps de la liberté du courtier, qui, en échange des appointements, s'oblige à travailler à peu près exclusivement pour la Compagnie qui les lui paye. Ils peuvent être subordonnés à l'obligation de fournir annuellement à l'assurance un capital déterminé, et même suivre dans une certaine proportion l'importance de ce capital. Il suffit qu'ils ne puissent pas devenir un moyen d'éluder le taux obligatoire des commissions, notamment qu'ils ne soient jamais basés sur le montant des primes.

Les Compagnies ont en province des agents qui réunissent la double qualité de courtiers et de mandataires comptables. Il leur est accordé en cette dernière qualité des commissions et allocations indépendantes des commissions qu'en qualité de courtiers ils reçoivent seulement sur les affaires nouvelles procurées par eux. Le cumul de ces deux sortes de gain est sans inconvénient, et n'est pas une dérogation aux règles que nous venons de poser. Comme les Compagnies sont toujours maîtresses d'abaisser le taux de leurs commissions, rien n'empêche ces agents locaux de profiter d'une différence entre la commission qu'ils reçoivent de leur Compagnie, et celle qu'ils payent aux sous-agents qui leur fournissent les affaires.

DES FRAIS D'ADMINISTRATION.

Les charges d'une Compagnie d'assurance sont de quatre sortes bien distinctes :

1° Indemnités pour sinistres, y compris les frais de règlement ;

2° Frais de timbre et tous autres droits dus à l'État ;

3° Frais de courtage ;

4° Tous les autres frais généraux ou frais d'administration proprement dits.

Dans une Compagnie à prime fixe on fait le compte général de toutes ces dépenses, on les déduit de la recette, et l'excédant est réparti, à titre de bénéfice, entre les actionnaires au prorata de leurs actions. — On ne s'inquiète pas de calculer pour quelle somme chaque assuré contribue à chaque sorte de dépenses ; mais si quelqu'un avait le caprice de faire ce calcul, il n'y a pas de doute qu'il mettrait la prime payée par chaque assuré en rapport avec la recette générale, et diviserait cette prime proportionnellement, tant pour chaque sorte de dépenses, et tant pour bénéfice revenant aux actionnaires,

Dans une Compagnie mutuelle, il semble devoir en être de
même, à cette différence près que l'on commence par faire le
total de la dépense, pour la répartir ensuite entre les assurés
au prorata de leur maximum de garantie, et que la recette est la
dernière opération. Cependant les choses se passent tout autrement : la routine a dénaturé le principe, si facile à appliquer, de
contribution aux charges sociales proportionnellement à l'obligation de chaque associé.

Pendant longtemps les Compagnies mutuelles ont été renfer-
mées dans les limites étroites de la spécialité. Les premières de
ces Compagnies n'assuraient que les immeubles dans une seule
localité. Tous les risques d'une Compagnie étaient ainsi à très-
peu près identiques, et les associés ou assurés se trouvaient
contribuer dans une proportion égale.

Or, les dépenses étaient divisées en deux classes bien distinctes. Les unes, composées principalement des sinistres, et em-
brassant en outre quelques dépenses qui ne rentraient pas dans
la classe suivante, étaient essentiellement variables, et on les
répartissait entre les assurés suivant toute la rigueur du principe
de proportion qui constitue la mutualité. Les autres, désignées
sous le nom de frais d'administration, étaient l'objet d'un forfait
avec le directeur qui, moyennant un abonnement fixe de tant par
an et par mille francs de valeurs assurées, les prenait à sa
charge. Les bénéfices qu'il tirait de ce forfait lui tenaient lieu de
traitement, et il se trouvait intéressé à la prospérité de la Compagnie puisque sa recette augmentait avec les capitaux assurés.

Ajouter les frais d'administration aux dépenses de la première
classe, et répartir le tout ensemble entre les assurés, ou répartir séparément les deux sortes de dépenses, cela revenait au
même : on a adopté la deuxième méthode, et, au lieu de faire
un calcul de répartition pour la totalité des frais d'administration, on a trouvé plus simple de faire payer directement par
chaque assuré les tant pour mille que son risque produisait au
directeur ; tous les risques étant à peu près identiques, le résul-

tat était presque le même, et la méthode adoptée était parfaitement légitime.

Plus tard, des Compagnies mutuelles se sont établies d'après
les mêmes errements, pour assurer les objets mobiliers. Ce
genre de risques étant plus hasardeux, plus divers, plus sujet
aux changements, exigeait plus de surveillance, un travail d'examen et de classification plus approfondi, il coûtait plus cher à
administrer.

Les sinistres étaient plus nombreux, les frais d'administration
plus onéreux; l'assurance mobilière coûtait plus cher que l'assurance immobilière; c'était le résultat forcé de la nature des
choses; on ne regarda pas plus loin.

Cependant on avait reconnu la variété des risques mobiliers,
on les faisait contribuer aux sinistres dans des proportions notablement différentes; et, malgré cela, on continuait à les faire tous
contribuer aux frais d'administration dans la même proportion,
c'est-à-dire chacun à tant pour mille sur le montant de son
assurance. Le résultat n'était plus du tout le même que si l'on
eût réparti le total des frais d'administration entre les assurés,
au prorata du maximum de chacun. En copiant à la lettre les
statuts des Compagnies mutuelles immobilières, on en abandon-
nait l'esprit, qui était la proportionnalité de contribution *à toutes
les dépenses.*

On ne s'aperçut pas immédiatement de l'erreur qu'on avait
commise, parce que les Compagnies mobilières restreignirent
leurs opérations aux risques les moins graves, qui diffèrent peu
entre eux.

Mais depuis qu'on s'est mis à assurer simultanément les
meubles et les immeubles, les risques les plus graves et les
moins graves, l'inconvénient est devenu très-sensible.

Dans une mutualité mobilière, le prix d'abonnement du directeur était, par exemple, de 30 c. $^{00}/_{00}$; dans une mutualité
immobilière, dont le maximum était moins élevé, le prix d'abonnement n'était que de 10 c. $^{00}/_{00}$. Il était donc vrai de dire que

le principe de proportionnalité, méconnu dans le détail, était appliqué en gros et par groupes.

Si les deux mutualités ainsi séparées eussent été réunies en une seule, la nécessité de conformer l'état futur des choses à l'état passé, eût obligé la nouvelle Compagnie à allouer au directeur un taux différent de frais d'administration, suivant que le maximum eût été au-dessus ou au-dessous d'un taux moyen. Les frais d'administration n'étant plus invariables, on aurait pu établir trois, quatre, cinq taux différents aussi bien que deux; on aurait pu en établir autant qu'il y en a pour le maximum de garantie, ce qui serait revenu à fixer les frais d'administration à tant pour cent sur la garantie sociale, au lieu de les fixer à tant pour mille sur les capitaux assurés.

On aurait pu alors, sans rien changer au résultat, comme l'avaient pu les premières Compagnies mutuelles, ou totaliser les frais d'administration et les répartir entre les assurés mutualistes, ou faire payer directement par chacun les tant pour cent du montant de son maximum de garantie alloués au directeur.

Les choses se sont passées autrement. On n'a pas réuni en une seule deux Compagnies, l'une mobilière, l'autre immobilière. On en a créé une nouvelle, réunissant les deux sortes de risques, et organisée, à cela près, comme les autres Compagnies, c'est-à-dire faisant payer les frais d'administration directement par les assurés, et au même taux pour tous. Il est arrivé que les risques graves, les allumettes chimiques par exemple, qui payent en moyenne 15 fr. $^{00}/_{00}$ pour les sinistres, ne payaient pour les frais d'administration, fixés à 50 c. $^{00}/_{00}$, qu'un trentième de leur contribution aux sinistres; tandis que l'ébéniste, qui paye en moyenne 75 c. pour les sinistres, payait deux tiers en sus pour les frais d'administration, et que la maison d'habitation, qui paye 12 c. pour les sinistres, payait au delà de quatre fois en sus pour les frais d'administration.

On a reconnu le vice d'un tel système, et pour y remédier on a décidé que les frais d'administration seraient d'abord totalisés, et ensuite répartis entre les assurés au prorata de leur maximum de garantie.

Les résultats paraissent au premier abord très-satisfaisants. Le montant total des frais d'administration étant le quart du montant total des sinistres, chaque assuré contribuera aux frais d'administration pour une somme égale au quart de sa contribution aux sinistres ; ainsi :

	POUR les SINISTRES.	POUR LES FRAIS d'administration
Le fabricant d'allumettes chimiques payera...............................	15. »	3. 75
L'ébéniste payera...................	» 75	» 18
La maison d'habitation payera.....	» 12	» 03

Cette répartition proportionnelle des charges est évidemment équitable dans le particulier.

Mais si l'on considère les choses plus en général, on a lieu d'être moins satisfait.

En effet, les frais d'administration étant, en moyenne *invariable*, de 50 c. $^{00}/_{00}$, chaque fois que la Compagnie assure un nouveau risque de 1,000 fr., elle augmente de 50 cent. le total des frais d'administration. Si ce nouveau risque est grave, et contribue pour 15 fr. aux sinistres, il payera 3 fr. 75 c. pour les frais d'administration : c'est 3 fr. 25 c. de plus qu'il ne coûte à la Société, par conséquent un bénéfice injuste, sous forme de réduction de prix, en faveur des anciens assurés ; si, au contraire, c'est un risque simple contribuant pour 12 cent. aux sinistres, il participera pour 9 cent. seulement aux frais d'administration, ce qui met 47 cent. de plus à la charge des anciens assurés ; l'injustice tourne contre ces derniers, mais subsiste entièrement. Ceux des risques nouveaux qui se trouvent dans la moyenne sont les seuls qui échappent à cette double iniquité ; mais ce n'est pas pour eux qu'on doit régler les choses, car ils sont les moins nombreux, et ce serait retomber dans la spécialité.

D'ailleurs, de ce premier inconvénient il en naît un second, plus général et beaucoup plus grave. Nous venons de voir comment l'adjonction de risques nouveaux inférieurs en gravité à la moyenne, augmente l'importance relative des frais d'administration. Plus on assurera de risques simples, plus le total des frais d'administration se rapprochera du montant des sinistres, plus par conséquent l'assurance coutera cher. La Compagnie sera donc obligée de ne pas assurer beaucoup de ces risques, nécessaires cependant au succès de la mutualité, car ce sont eux qui, offrant, comme peu exposés à de grands désastres, une chance aléatoire sujette à de légers écarts annuels, forment par le grand nombre une base assez solide pour que l'irrégularité annuelle des charges produites par les risques graves soit peu sensible. L'obligation de renoncer à ces bons risques prouve évidemment qu'il y a un vice dans le système qui la produit.

Le correctif est indiqué par tout ce qui précède. Le mal vient de ce que, pour un capital donné, les frais d'administration ne diminuent pas quand la garantie sociale diminue. Il suffit de les mettre en rapport avec cette garantie, et, ne tenant plus compte du capital assuré, d'allouer au directeur tant pour cent du maximum. Le risque simple cessera aussitôt d'être onéreux aux risques graves, la dépense accessoire suivra les proportions de la dépense principale, l'intérêt particulier du directeur n'entravera plus les opérations bien plus intéressantes de la Compagnie.

Cet intérêt même, qui est respectable aussi, ne sera pas sacrifié; les tant pour cent de la garantie produiront autant que les tant pour mille du capital, car si les risques légers produisent moins, en revanche les risques graves produisent plus. D'ailleurs, quelque léger qu'on trouve le produit des risques simples, comme l'ancien système empêchait de les assurer, tout ce qu'ils produiront sera bénéfice net ou à peu près, car les frais d'administration ne seront pas sensiblement accrus par l'administration additionnelle de ces risques.

Si nous voulions appliquer ce nouveau système de frais d'administration à l'organisation des Compagnies mutuelles, nous aurions besoin de rappeler que nous avons précédemment proportionné le taux des commissions au taux de la garantie, car dans toutes les Compagnies mutuelles les frais de courtage sont compris dans les frais d'administration.

Mais nous n'acceptons pas la division des charges sociales en deux classes seulement : 1° les sinistres ; 2° les frais d'administration ; cette division, trop générale, nous paraît une cause de confusion et, par conséquent, une source d'abus ; elle fait entrer dans l'abonnement du directeur des dépenses qu'il nous semblerait mieux de laisser directement à la charge de la société.

Ce n'est pas pour le théoricien que la confusion est possible. Dans le compte des sinistres il comprendra les indemnités, les frais d'expertise, de règlement et de justice nécessités par les sinistres, les intérêts des avances nécessaires pour le payement immédiat des indemnités, et n'ajoutera jamais rien à ces dépenses.

Mais le praticien est moins scrupuleux : l'intérêt, l'influence des personnes, les événements modifient singulièrement ses vues ; et nous voyons que dans la plupart des Compagnies on ajoute au compte des sinistres, d'abord une allocation fixe accordée au directeur sur toutes les affaires nouvelles, en sus de son prix d'abonnement, ensuite une autre allocation variable qui a pour but de décharger le directeur d'une partie des frais d'inspection, par exemple, considérée comme dépense extraordinaire, non obligatoire, ayant procuré des avantages inattendus.

Cette confusion nous paraît un abus sérieux. Il suffirait, pour la faire disparaître, de diviser les charges sociales non plus en deux mais en quatre classes :

1° Les sinistres
2° Les impôts
3° Les frais de courtage } à la charge directe de la société ;

4° Toutes les autres dépenses appelées frais d'administration, mises moyennant forfait à la charge du directeur.

Il est évident qu'il y a un grand intérêt à mettre à part, sans les confondre avec aucune autre dépense, les déboursés qui constituent l'industrie de la Compagnie d'assurance, et qui, provenant seuls de la chance aléatoire, doivent seuls servir de base aux calculs statistiques. C'est pour cela que nous voulons composer la première classe uniquement du montant, en principal et accessoires, des sinistres éprouvés par la Compagnie.

Pour ce qui est de la deuxième classe, il nous faut remonter à l'esprit du forfait que l'on passe avec le directeur. On n'a pas seulement, en adoptant le système de l'abonnement, voulu simplifier les comptes et intéresser le directeur par la variabilité de son traitement à la prospérité de l'affaire qu'il gère ; on a voulu principalement réaliser une économie. Dans un établissement particulier l'argent employé aux frais généraux sort de la caisse du chef de la maison, et l'économie tourne à son profit ; on a cru, en donnant pour traitement au directeur d'une Compagnie l'économie qu'il pourra ainsi réaliser, faire réellement tourner l'économie au profit de la Compagnie. Tel étant le principal objet en vue, l'abonnement ne doit comprendre que les dépenses susceptibles d'augmentation ou de réduction, suivant la vigilance et l'activité du personnel employé sous les ordres du directeur.

Ce n'est pas là le caractère des redevances à payer au fisc. Elles constituent une perte sèche, sans compensation au point de vue de l'assurance, une perte provenant véritablement de force majeure, complétement étrangère à la gestion. Il est juste de laisser cette dépense à la charge directe de la société, et, pour ne pas la confondre avec les sinistres, il faut la classer à part.

La troisième classe de dépenses se compose des frais de courtage. La commission qu'on paye aux courtiers d'assurance n'est pas une dépense accessoire sur laquelle on puisse faire de l'économie ; ce n'est pas une dépense de gestion ; c'est le prix d'acquisition de la matière assurable ; c'est une dépense indispensable à l'existence de la Compagnie ; c'est le prix payé par la Compagnie à des étrangers qui ne sont pas sous l'autorité du directeur, prix calculé sur la recette probable que doit produire chaque assurance, et qui doit être proportionné aux ressources de la Compagnie. Ce n'est pas un prix payé par le directeur pour avoir une augmentation dans la recette que produit son abonnement : l'existence même, la prospérité de la Compagnie sont attachées à la fixation du taux de la commission ; c'est une dépense essentielle, principale, digne de l'attention du conseil d'administration et du conseil général ; c'est un moyen de concurrence entre les Compagnies, une question sur laquelle elles feraient sagement de s'entendre entre elles ; c'est enfin une dépense de la plus haute importance sous tous les rapports, dont le montant doit être facilement retrouvé par le statisticien, qui mérite, par conséquent, d'être classée à part, et qu'il serait ridicule de confondre parmi le détail des frais accessoires qui font l'objet de l'abonnement du directeur.

Les sinistres, les impôts, les frais de courtage restant ainsi à la charge directe de la société, cet abonnement, qui forme la quatrième classe des dépenses, est parfaitement connu, et peut être calculé en pleine connaissance de cause. Il ne comprend plus que ce qui dépend de l'initiative du directeur, ce qui obéit à son action immédiate ; il embrasse les frais de bureaux, tous les traitements payés par la Compagnie, les frais de correspondance et d'inspection, les frais de recouvrement, judiciaires ou non, les frais d'actes publics ou privés, les insertions et annonces dans les journaux, les circulaires, la distribution des jetons, les frais de plaque et police, et généralement tout ce qui ne rentre pas dans les trois classes précédentes.

Il ne reste plus qu'à fixer le taux des frais d'administration. C'est là en quelque sorte une question de famille qui ne peut être résolue en général, et demande une décision spéciale pour chaque Compagnie. Cependant, revenant à l'hypothèse que nous avons déjà posée, d'un maximum fixé au triple du tarif, ce qui suppose une contribution égale en moyenne à deux dixièmes ou 20 p. % de la garantie, nous croyons pouvoir fixer les frais d'administration à un demi-dixième ou 5   p. % de la garantie pour les deux premiers millions de garantie;

à 2 50 p. %   —   pour les trois millions suivants;

à 1   p. %   —   pour tout ce qui excéderait les cinq premiers millions de garantie.

Ces chiffres, que nous ne discuterons pas parce que nous ne nous occupons ici que des principes, nous paraissent suffisants pour qu'après le payement de tous ses frais il reste au directeur un bénéfice convenable.

Jusqu'à présent les Compagnies mutuelles ont toujours confondu les frais de courtage dans les frais d'administration. Notre intention, en les mettant à part, n'est pas de les soustraire au système de l'abonnement, comme nous avons semblé le dire; bien loin de là, nous voulons qu'ils soient l'objet d'un abonnement spécial, séparé du précédent d'autant plus rigoureusement qu'il repose sur une base tout à fait différente.

En effet, les frais d'administration se composent de dépenses journalières, réunies à la fin de chaque année pour entrer d'un seul bloc dans les comptes. Au contraire, les commissions payées aux courtiers sont une dépense faite d'un seul coup et qu'on divise pour en imputer la première fraction sur la première année, et les autres fractions sur chaque année successive.

Le nouvel abonnement repose donc sur des bases nouvelles. Il oblige le directeur, soit seul, soit aidé par des bailleurs de fonds, à avancer les capitaux nécessaires pour le payement des commissions, et lui rembourse ces avances au moyen d'annuités calculées de manière à lui procurer, en outre des intérêts, un bénéfice capable d'attirer l'argent. Les données qui servent à fixer ces annuités, n'ont aucune analogie avec celles qui ont servi à fixer les frais d'administration. Si l'on confondait ces deux dépenses dans un seul abonnement, on ne pourrait plus en apprécier les avantages avec exactitude.

Nous ne dirons pas la même chose des impôts. Nous pensons qu'il vaut mieux en faire une classe à part, mais nous ne verrions pas un grand inconvénient à ce qu'on les confondît dans les frais d'administration ; cela ne détruirait nullement l'économie du système que nous venons d'exposer.

Du reste, on ne doit pas considérer ce système comme une nouveauté. La seule chose nouvelle, c'est le soin avec lequel nous avons séparé en théorie des idées laissées jusqu'ici confondues dans la pratique, c'est l'application que nous croyons pouvoir faire à la pratique de cette division, incontestable en théorie.

Nous allons maintenant généraliser tout ce qui précède. On verra quelle conséquence importante en résulte.

DES STATUTS.

Nous avons vu qu'il y a deux méthodes pour arriver à la création de cette personne civile qu'on appelle société d'assurance : l'une est la méthode ordinaire des sociétés anonymes, l'autre est la mutualité. Suivant que la société d'assurance est de l'une ou de l'autre espèce, les sociétaires assureurs sont régis entre eux par des conventions statutaires et financières différentes, et offrent aux assurés une garantie différente. Voilà, dans toute sa simplicité, l'idée que nous voulions généraliser.

Une fois que les deux sociétés sont constituées, une fois qu'elles ont acquis la qualité de personnes civiles, la matière de leurs opérations, leurs moyens d'opérer, les engagements qu'elles prennent envers les assurés étant les mêmes, il y a identité parfaite entre elles ; leur capacité doit être la même, leurs droits doivent être égaux ; les règles du contrat, la liberté de contracter ne doivent être ni plus ni moins étendues pour l'une que pour l'autre. Voilà la conséquence à laquelle nous arrivons. Rigou reusement déduite, parfaitement équitable, cette conséquence n'est pourtant pas encore admise. On ne laisse pas aux sociétés mutuelles la pleine jouissance de leur capacité civile. Tandis qu'une société anonyme, par le seul fait que l'existence civile lui a été donnée, peut opérer partout en France et hors de France, et sur tout ce qui peut être matière à assurance contre l'incendie ; la société mutuelle, qui a la même existence civile, ne peut opérer que dans les lieux et sur les matières qui lui ont été spécifiés, et sous certaines restrictions qui lui ont été imposées.

Les précédents historiques justifient cette injustice. Les Compagnies mutuelles, nous l'avons déjà dit, se sont pendant assez longtemps enfermées dans la spécialité, se sont imposé certaines règles étroites. On s'est habitué à considérer ces restrictions comme le résultat d'une incapacité inhérente, essentielle à la mutualité ; on l'a considérée comme soumise à une sorte de tutelle. On commence bien à donner plus de latitude aux sociétés mutuelles, on cherche à leur donner autant de liberté qu'aux sociétés anonymes, on reconnaît que malgré la différence de leur constitution ces deux genres de Compagnies se livrent absolument aux mêmes opérations ; malheureusement il reste une cause de confusion qui fait subsister quelques restrictions onéreuses à la mutualité : nous voulons parler du mélange des règlements statutaires et financiers, créateurs de la personne civile, avec les clauses de la police, ou conventions constitutives du contrat.

Les statuts règlent les rapports de chaque assureur avec tous les autres assureurs ; les clauses de la police règlent les rapports de chaque assuré avec l'ensemble de tous les assureurs formant une personne civile. Les premières règles ne sont valables que par l'autorisation du Gouvernement, et sont immuables tant que la modification n'en a pas été autorisée ; les dernières ne sont qu'un programme qui sera suivi le plus souvent, mais dont on peut s'écarter, dont on s'écarte quelquefois ; une formule imprimée dont la rédaction, étudiée une fois pour toutes, est exempte d'erreurs, d'omissions, mais une formule seulement. Elles ne sont pas la loi des parties, quoique destinées à le devenir ; elles sont encore moins une disposition générale obligatoire pour tous. La loi seule peut avoir ce caractère. Rédigées d'avance, contenant des expressions impératives et générales qui ne conviennent qu'à une loi générale, les clauses imprimées de la police tiennent lieu de cette loi qui n'existe pas en matière d'assurance ; les parties déclarent s'y soumettre comme si elles étaient loi, puis, dans un acte qui suit cette acceptation, elles constatent les conventions particulières intervenues, ainsi que les modifications et dérogations qu'il leur plaît d'apporter à la loi générale préalablement adoptée. Rien n'est plus régulier, plus normal que cette manière d'opérer. L'article 6 du Code civil reconnaît aux particuliers le droit de déroger aux lois générales quand elles n'intéressent pas l'ordre public et les bonnes mœurs ; on sait même que dans le notariat certaines dérogations sont devenues de style. Pourquoi donc ne dérogerait-on pas par des conditions particulières aux conditions générales de la police ?

Imaginées par la Compagnie seule, elles sont bien moins respectables que le Code. Il est vrai qu'elles sont approuvées par le conseil d'État ; mais cette approbation n'est pas une loi et surtout une loi plus puissante que le Code lui-même. Les statuts d'une Compagnie à prime fixe sont autorisés par le Gouvernement, ils sont immuables ; sa police est approuvée, toutes les dérogations que la convention particulière y apporte sont reconnues licites. C'est que l'autorisation et l'approbation sont deux actes essentiellement différents. En autorisant, le Gouvernement rend les règles statutaires obligatoires, exécutoires, immédiatement, définitivement, sans restrictions, réserves ni extensions d'aucune sorte. En approuvant, il certifie la moralité des clauses de contrat, dont une partie ne sont pas applicables à l'assuré qui les accepte, dont quelques-unes sont contradictoires, étant rédigées pour des cas différents, dont quelques autres ne prennent une signification certaine que lorsqu'elles sont complétées par d'autres clauses plus particulières et impossibles à prévoir d'avance, et qui, d'ailleurs, réunies toutes ensemble, n'ont jamais aucun effet, si elles ne sont pas acceptées par un assuré et complétées par des énonciations constitutives d'un fait particulier auquel elles puissent être appliquées. — L'autorisation crée une personne civile, l'approbation constate la moralité d'un projet de contrat, préparé pour des milliers de personnes qui ne pourront pas l'étudier sérieusement, parce qu'il remplace tout un chapitre de loi absente, mais qui connaîtront bien toute la portée de la dérogation qu'elles apportent par convention spéciale à cette loi générale qu'elles ne connaissent pas. Dailleurs, le Gouvernement approuve les polices des différentes Compagnies, alors même qu'elles résolvent différemment les mêmes questions : c'est une preuve certaine qu'il n'entend pas faire par son approbation une loi immuable. Aussi laisse-t-on les Compagnies à prime fixe stipuler comme elles l'entendent avec leurs assurés, malgré l'approbation que leurs polices ont reçue du Gouvernement.

Il est à désirer que les Compagnies mutuelles séparent leurs statuts proprement dits des conditions générales qui composeraient leur police ; mais tant que cette séparation ne sera pas faite, nous posons en principe cette conséquence, à laquelle nous sommes arrivé tout à l'heure, que les règles du contrat sont les mêmes pour toutes les Compagnies, et que, malgré la confusion des articles statutaires d'une Compagnie mutuelle avec les articles contractuels, les derniers ne sont pas obligatoires, il est toujours permis d'y déroger. Parmi ces articles, il en est un dont nous allons nous occuper particulièrement : c'est celui qui règle la durée du contrat d'assurance.

DURÉE.

Les Compagnies à prime fixent la durée de leurs contrats comme

elles l'entendent, le plus souvent à dix années, pendant lesquelles l'assuré ne peut pas se dégager; tandis que depuis quelques années, le conseil d'État interdit aux Compagnies mutuelles de lier leurs assurés pour plus de quatre ans. Rien ne
justifie cette règle; car dans une Compagnie à prime les actionnaires sont liés pour toute la durée de la société, les assurés
sont liés pour dix ans, et les sociétaires d'une Compagnie
mutuelle, qui réunissent la double qualité d'actionnaires et
d'assurés, ont la même capacité que les actionnaires et que
les assurés de la prime fixe. Elle est contraire à l'équité,
car les Compagnies se font concurrence entre elles; pour avoir
des affaires, elles payent aux courtiers des commissions calculées sur la recette probable, et, cette recette étant plus élevée
pour un contrat de dix ans que pour un contrat de quatre, la
Compagnie mutuelle se trouve placée dans des conditions inférieures. Illogique, inique, cette règle est de plus contraire à
l'art. 6 du Code civil, ainsi que nous l'avons expliqué tout à
l'heure. Ce sont là trois motifs suffisants pour la faire mettre
de côté; mais c'est par des raisons plus spéciales, tirées de la
nature même de l'assurance, que nous voulons la combattre.

La statistique moderne a transformé en axiome ce principe que
les faits du hasard, quand on les généralise en groupant ensemble les cas particuliers qui se produisent dans une période de
temps suffisante, cessent d'être incertains et obéissent à des
lois constantes. L'assurance repose sur ce principe. Elle consiste
à mettre en commun un nombre *suffisant* de risques; on sait
par la statistique combien de ces risques se seront réalisés au
bout de dix ans, on sait dans quelles limites les résultats de
chaque année peuvent s'écarter de la moyenne annuelle. Ces
données servent de base au contrat d'assurance, qui par conséquent est essentiellement annuel. Il est bien vrai que les résultats de chaque année ne sont pas tout à fait égaux à la
moyenne; mais ils s'en écartent peu, tandis que si l'on descen-
dait à une durée moindre que l'année, on rentrerait dans cette

limite étroite où le hasard trompe tous les calculs. Nous savons bien qu'au bout de chaque année, les écarts trimestriels se trouveraient balancés ; mais c'est justement parce que si l'on avait divisé l'unité annuelle on serait obligé de la reformer pour apercevoir la loi régulière sur laquelle repose l'assurance, que nous faisons un principe de l'annualité. La prime n'est pas du tout de la même nature que le loyer : le loyer se gagne jour par jour, parce que la jouissance dont il est le prix est uniforme et continue ; le risque au contraire est indéterminé, il se réalisera ou non, il se réalisera plus tôt ou plus tard ; mais toujours à l'improviste : la prime entière d'une année est donc à la fois le prix et du risque couru pendant chaque moment de l'année, et du risque couru pendant l'année entière. C'est sur ce principe que repose la clause de toutes les polices aux termes de laquelle la prime est acquise entière à l'assureur aussitôt que le risque a commencé à courir, pendant quelque court espace de temps qu'il ait couru.

Cette règle d'indivisibilité de la prime paraît au premier coup d'œil difficilement applicable à la mutualité. Dans ce système, en effet, la prime, quoique exigée à la fin de l'année seulement, semble pourtant s'acquérir successivement et à mesure des sinistres ; en outre, si un sociétaire sort de la société un mois ou deux après avoir commencé l'assurance, le principe de l'association oblige à diviser l'année pour que le sociétaire sortant, qui n'est plus lié à la société ni activement, ni passivement, ne contribue pas aux sinistres qui vont arriver et dont il n'est plus responsable. Mais ces idées, toutes justes qu'elles soient, ne contredisent pas la règle d'indivisibilité de la prime : elles y sont tout à fait étrangères, ainsi qu'un court examen va nous le prouver. Quand on dit que la prime fixe est indivisible, l'idée émise est des plus claires, cela veut dire que la prime payée ou due est acquise irrévocablement à l'assureur, quelques événements qui puissent arriver. La même énonciation en mutualité ne peut pas avoir tout à fait la même signification puisque la prime est aléatoire et dépend d'événements encore futurs. Cela veut dire que le maximum fixe est indivisible ; il peut être dû en entier à la fin de l'année si les événements qui peuvent le rendre exigible se sont réalisés ; si ces événements se réalisent dès le commencement de l'année, il peut être dû au bout d'un mois ; il ne peut jamais être dépassé : si les événements le dépassaient, les indemnités seraient réduites ; mais il peut être atteint dès le premier moment. Le principe ainsi posé s'accorde facilement avec les deux objections faites tout à l'heure. La prime, disait-on, n'est que possible, elle ne devient dette que par fractions et à mesure des sinistres.

Quelque chose, en effet, est ici fractionné ; mais ce n'est pas la prime, c'est la réalisation de cette chance aléatoire, successive, irrégulière, non continue, que l'assurance a pour but de transformer en prime annuelle périodique ; les sinistres d'une année sont successifs et distincts, mais les indemnités, exprimées en argent, sont mises en bloc à la fin de l'année pour être divisées en primes. Ces primes sont variables, mais non divisibles ; elles ne sont pas affectées par fractions au payement séparé de chaque indemnité, mais en masse au payement de toutes les indemnités, qui sont entre elles des créances chirographaires. Si le total des indemnités dépassait le total des primes maximum, chaque indemnité serait réduite dans la proportion de l'excédant, sans aucune préférence pour l'antériorité de date, et tout payement fait par anticipation au delà de cette proportion finale serait considéré comme payement de l'indû. C'est bien là une preuve de l'annualité indivisible de la prime.

La seconde objection n'est que la répétition de la première sous une autre forme. De ce qu'un sociétaire ne participe pas aux charges qui incombent à la société au moment de l'année où il n'en est plus membre, on conclut que la prime n'est pas essentiellement annuelle, mais qu'elle est divisible. Nous ne pouvons que répéter ce que nous venons de dire : cela prouve que les charges sont divisibles, cela prouve que la prime est variable, mais cela ne prouve pas que la prime maximum que l'assuré de deux mois était menacé de payer, soit moindre que celle dont l'assuré d'un an peut être tenu ; le lien de droit contracté au commencement des deux mois d'assurance n'est pas le sixième de celui qu'on contracte au commencement de l'année, il lui est égal. En cela seul réside l'annualité ou indivisibilité, qui entendue autrement serait en contradiction avec la variabilité et l'association qui constituent la mutualité.

Le seul cas où l'application de ces principes puisse paraître compliquée est celui où les sinistres de l'année excéderaient la garantie totale sans que les sinistres des deux mois l'atteignissent. Dans ce cas-là, tous les sociétaires de l'année payent leur maximum entier, et les indemnités sont réduites. Posons l'hypothèse où elles le seraient de moitié, et où les sinistres des deux mois représenteraient un tiers du maximum. L'assuré des deux mois participera avec la masse des assurés qui payent leur maximum entier, pour un sixième seulement du sien, c'est-à-dire dans la proportion nécessaire pour procurer aux incendiés des deux mois la moitié de leur indemnité, puis il donnera, pour ces derniers seulement, soit le complément entier de son maximum, soit la portion suffisante pour parfaire leurs indemnités. En voilà assez, sans entrer dans de plus grands détails qui appartiendraient à la pratique, pour effacer toute complication et faire comprendre comment l'indivisibilité de la prime se combine avec la divisibilité des charges sociales et la variabilité de la prime.

Si nous revenons sur cette idée que la garantie maximum ne peut être sérieusement considérée comme une garantie qu'à la condition d'être, en cas d'insuffisance, répartie chirographairement entre tous les incendiés de l'année, sans privilége à l'antériorité de date, le principe de l'annualité de l'assurance nous paraît établi solidement.

L'année donc, soumise encore aux lois de la statistique, est la durée qui convient le mieux comme unité de temps à laquelle on rapporte la quotité et le payement des primes. Mais elle est trop courte pour servir de base aux calculs statistiques, car les résultats annuels sont encore soumis à des variations très-sensibles; pour asseoir ces calculs sur une base certaine, il faut embrasser une période de dix ans environ; et, comme la pratique se guide d'après les prévisions du calcul, elle doit, pour atteindre les mêmes résultats, se placer dans les mêmes conditions, et par conséquent reposer sur des contrats de dix ans. Suffisante pour l'assureur, cette période est bien proportionnée avec la durée des choses humaines; un engagement de quinze, vingt, trente ans, serait une stipulation vaine: tant d'événements viendront changer la situation respective des parties! Mais un engagement de dix ans n'a rien d'exagéré. Nous comptons bien souvent par dix ans dans la vie; c'est à peu près la période qu'embrassent nos souvenirs et nos projets les plus ordinaires. En adoptant cette durée, les Compagnies d'assurance n'ont rien fait d'inusité.

Certainement, bien des événements peuvent empêcher un contrat de durer dix ans, bien des assurés se refuseront à contracter pour plus d'un, ou de deux, trois ou quatre ans ; mais l'assurance s'inquiète peu des cas particuliers, ce sont les moyennes qu'elle considère. Quelques contrats ayant duré un an, quelques-uns dix, d'autres un temps intermédiaire, peuvent donner, c'est à peu près le résultat qu'on obtient dans la pratique, une durée moyenne de six ans. C'est moins avantageux que dix ans, mais c'est déjà une période suffisante pour qu'on puisse compter avec quelque certitude sur la réalisation des calculs faits par anticipation. C'est par une tendance continuelle à faire des contrats de dix ans que les Compagnies obtiennent cette moyenne de six ans; renoncer aux dix ans serait donc un acte de mauvaise gestion, qui ferait tomber la durée moyenne au-dessous des besoins.

Les Compagnies mutuelles sont soumises à cette règle comme les Compagnies à prime fixe. Pourquoi donc ne conservent-elles pas la même liberté de stipulation ? Pourquoi le conseil d'État prétend-il réduire à quatre ans la durée des contrats d'assurance mutuelle ?

C'est par suite de la confusion que nous avons déjà signalée des statuts, ou règles d'association, avec la police, ou règles du contrat. Le conseil d'État a considéré l'adhésion aux statuts d'une société mutuelle comme un acte d'association à durée illimitée, tandis que c'est un contrat d'assurance souscrit pour telle durée qu'il plaît aux parties de stipuler. C'est bien en même temps un acte d'association, puisque la mutualité est la combinaison du contrat pur d'assurance avec le contrat de société ; mais le contrat d'assurance réalisé par l'adhésion n'a pas pour objet de former une société qui existe déjà : il n'est que l'exécution d'un acte de société qui continuera d'avoir son effet après la résiliation de l'adhésion ; et puisque la société peut exister sans l'adhésion, a existé auparavant et existera encore après, les règles de la durée sociale ne peuvent pas être appliquées à l'adhésion. Les personnes qui contractent assurance mutuelle peuvent consentir à être adjointes pour l'exécution de ce contrat à l'association, mais dans les limites seulement du contrat et pour sa durée ; aucune d'elles ne songe à un engagement illimité, et l'association n'est qu'un accessoire du contrat. Aussi le conseil d'État est obligé, au moment même où il pose le principe de la durée illimitée, de se contredire en adoptant le système du temps préfixe ; il décide que l'assurance est illimitée, mais qu'il est loisible à chacune des parties de la résilier après chaque période de quatre années. Cela revient à dire que l'assurance est souscrite pour quatre années et se renouvelle tous les quatre ans par tacite reconduction ; nous n'insisterons donc pas ici sur la contradiction dans laquelle on est tombé, qui n'aurait pas eu lieu si l'on n'avait pas considéré l'association comme l'idée principale du contrat, et que nous ne retrouvons pas dans la matière du loyer, où l'on n'a jamais pensé à dire que la location est faite pour un temps illimité et résiliable tous les trois mois ; on a admis le temps préfixe, cela nous suffit. Mais pourquoi a-t-on choisi quatre ans ? En matière de loyer l'usage indiquait trois mois ; mais en matière d'assurance il n'indique pas quatre ans ; il indique dix ans le plus souvent ou sept ans, quelquefois cinq ans, plus rarement un an. Étranger à la pratique, le chiffre qu'on adopte n'est indiqué par aucune analogie : nous ne l'apercevons ni en matière de baux, ni en matière de prescription, ni aucune autre part dans nos Codes ou nos usages ; il est par conséquent dû au hasard, non à quelque motif sérieux ; toute autre durée aurait pu être admise sans inconvénient ; et dès lors on pouvait, on devait laisser les parties libres de la fixer à leur choix.

C'est précisément ce qu'on a voulu empêcher. L'expérience a montré que les contrats de sept ans et de dix ans sont les plus ordinaires ; le conseil d'État a judicieusement pensé qu'il continuerait d'en être ainsi, et, pensant qu'un engagement d'une si longue durée est contraire à l'intérêt des mutualistes, pénétré de cette idée que, s'il est appelé à donner un avis, c'est uniquement pour sauvegarder cet intérêt, et qu'il lui est toujours loisible de subordonner son avis favorable à l'insertion de certaines clauses qui le garantissent mieux, il a cru bien faire en réduisant à la courte période de quatre ans la durée maximum de l'assurance obligatoire.

Nous avons réfuté d'avance cette doctrine, motivée entièrement en dehors des principes spéciaux de l'assurance, par l'énoncé de ces principes ; nous allons maintenant la réfuter en elle-même. Elle repose sur un sentiment de défiance contre la mutualité, d'antipathie contre la chance aléatoire. Le conseil d'État voit avec déplaisir qu'une Compagnie, après avoir pesé de toute sa puissance sur un particulier pour l'entraîner, à force de promesses de bon marché, à contracter assurance, puisse encore l'obliger à rester longtemps assuré malgré la non-réalisation des promesses faites et l'élévation onéreuse du prix annuel.

Disons d'abord que ces promesses, qu'on semble redouter, ne

sont pas un mal. C'est à force de promesses, c'est-à-dire à force
de rendre sensibles les avantages d'une proposition qu'on la
fait accepter ; si l'on obligeait une Compagnie à développer les
motifs qui peuvent détourner de traiter avec elle, il n'y aurait
plus d'affaires possibles. La seule chose qu'on puisse demander,
c'est que les promesses faites soient de nature à pouvoir se réaliser, et que l'organisation de la Compagnie permette d'agir effi-
cacement pour atteindre cette réalisation. A cela doit veiller le
conseil d'État.

Ainsi faites, les promesses peuvent néanmoins ne pas se réaliser. En veillant à ce que toutes les mesures soient prises pour
le succès, le conseil d'État ne garantit pas le succès ; il écarte
des chefs de la Société tout soupçon d'avidité, de négligence ou
d'ignorance ; mais les espérances les plus légitimes peuvent être
trompées, les spéculations les plus loyales peuvent échouer, et
parce qu'en cas d'insuccès l'exécution d'une obligation devient
onéreuse, on n'a jamais pensé à accorder à l'obligé le droit de
s'y soustraire. En assurance mutuelle surtout, où les quatre premières années, quelque malheureuses qu'elles aient pu être, ne
préjugent rien sur les années suivantes, qui peuvent être heureuses au-delà de toute espérance, rien ne permet de soustraire
l'assuré à ses obligations avant l'expiration du temps pour lequel
les parties avaient eu l'intention de se lier. Il a écouté, au
moment de l'assurance, les belles promesses qu'on lui faisait,
il ne s'est pas bien rendu compte de l'étendue du risque qu'il
courait, cela est très vrai. Mais c'est justement parce que des
personnes de tout sexe, de tout âge, de toute condition doivent
s'assurer, parce que le mode dont l'assurance se fait, ne suppose
entre les parties intéressées ni ces rapprochements, ni ces dis-
cussions si nécessaires pour caractériser un consentement donné
avec connaissance, que l'avis du conseil d'État est demandé et
l'autorisation du Gouvernement nécessaire. Il n'est pas question
de faire disparaître ce danger, malgré lequel l'intervention
publique ne serait pas nécessaire si la durée de l'engagement

ainsi pris n'était assez longue pour être considérée comme illimitée. Il est seulement question, puisque l'assuré lié pour longtemps n'a pas de moyen efficace et réel de surveillance, de le mettre à l'abri de la fraude, d'empêcher l'avidité, la négligence ou l'ignorance de compromettre les intérêts qu'il a mis pour *longtemps* hors de ses mains. Le conseil d'État excède donc sa mission, et assume le rôle d'un législateur qui voudrait rendre cette mission inutile, quand il abrége la durée des engagements et la réduit à quatre ans. Qu'un homme soupçonneux, plus prudent ou craintif que les autres, refuse de s'engager pour plus de quatre ans ou pour plus d'un an, il est très-juste qu'il en ait la faculté; mais qu'on interdise aux autres de suivre la loi de la Compagnie pendant dix ans, de courir jusqu'au bout la chance aléatoire sur laquelle repose l'institution dont ils veulent profiter, c'est entraver l'exercice de leur capacité civile et les traiter comme des incapables ; c'est aller beaucoup trop loin.

La Compagnie a besoin que ses assurances durent longtemps ; la faculté de résiliation qu'on lui accorde, ainsi qu'à l'assuré, est une réciprocité illusoire, et il est peu moral d'organiser l'assurance mutuelle de telle manière que l'assuré puisse rester lié par son obligation tant qu'il lui conviendra de profiter des avantages qui lui sont offerts en échange (car la Compagnie ne pensera jamais à résilier ses assurances parce que la prime n'est pas assez forte), ou puisse au contraire se dégager aussitôt qu'il croira y trouver un avantage. Les affaires loyales se font autrement ; on mesure, au moment de la convention, les obligations de chacun avec toute la prudence qu'on peut y mettre ; mais une fois qu'elles sont prises, elles doivent s'exécuter jusqu'au bout et à tout prix. A cette condition seulement des prévisions peuvent être faites, des industries exercées, et en voulant mettre, au profit de l'avidité d'assurés inintelligents, que la moindre élévation de prix va dégoûter du système mutuel, pour lequel ils reprendront ensuite goût à la première chance favorable, en voulant, disons-nous, mettre les Compagnies mutuelles dans une gêne exceptionnelle, le conseil d'État est entré dans une voie étroite, en dehors de tous les principes d'économie et de législation. Nous irons plus loin : là où la clause qui interdit l'engagement souscrit pour plus de quatre ans, est introduite, nous pensons qu'elle ne doit pas être exécutée. S'il plaît à un assuré de s'engager à supporter la chance aléatoire de la mutualité pendant dix ans, les tribunaux doivent faire passer la convention par laquelle il a pris cet engagement, avant l'article des statuts qui réduit à quatre ans la durée de l'assurance. Le décret peut bien fixer quatre ans en l'absence de convention contraire, mais une loi seule pourrait interdire l'augmentation de cette durée ; car toutes les conventions qui ne sont ni contraires aux bonnes mœurs ou à l'ordre public, ni interdites par une *loi* spéciale et *expresse*, sont permises, et sont permises alors même qu'elles dérogeraient aux lois. Il est vrai que le Gouvernement qui aurait fait de cette limite maximum de quatre ans une condition de son autorisation, est toujours maître de la retirer : nous ne lui nions pas ce droit ; nous disons seulement qu'il aurait tort de le faire parce qu'il a eu tort d'imposer la condition, et que, le retrait de l'autorisation n'influant que sur l'avenir, les tribunaux devraient, en tout cas, valider la convention dérogatoire : il est de principe, dans toutes les affaires où les conditions d'un contrat sont en partie imprimées d'avance et en partie manuscrites, que les clauses manuscrites l'emportent toutes les fois qu'elles sont en opposition ou en contradiction avec les clauses imprimées.

Nous avons cherché à démontrer que l'intention principale du contrat qui étend la durée au delà de quatre ans, est de soutenir la Compagnie d'assurance dans sa lutte contre le hasard ; qu'en interdisant cette extension, on traite l'assuré comme un incapable, comme un mineur ayant besoin d'être protégé contre ses propres engagements ; qu'on regarderait à tort l'élévation de la prime mutuelle comme une lésion contre l'assuré ; que ce n'est pas seulement l'existence des charges imposées à l'assuré, la légèreté avec laquelle il s'y est soumis, l'impossibilité où il est d'en modérer la gravité par sa vigilance et son activité, que c'est surtout la longue durée de ces charges, telles que nous les montrons, qui rend nécessaires et l'autorisation, et la surveillance qui en est la suite; que la durée est une convention, non une règle d'organisation. Nous pensons, après tout cela, pouvoir regarder la libre stipulation de la durée de l'assurance comme un principe établi.

Il nous reste deux mots à dire sur la tacite reconduction. Nous avons reproché au conseil d'État de la confondre avec la durée illimitée susceptible de s'arrêter par la volonté d'une seule des parties exprimée à des époques déterminées : c'est qu'il y a une différence profonde. La tacite reconduction est le renouvellement tacite d'une convention souscrite pour un temps préfixe, éteinte par l'expiration de ce temps, et qui n'aurait plus aucun effet si l'on ne présumait que le silence implique l'intention de refaire la même convention : le silence produit le même effet que produit la confection d'une nouvelle police semblable à la première, dans les Compagnies qui n'ont pas de tacite reconduction. Cette idée est trop claire pour avoir besoin d'aucun développement; il suffit de l'énoncer pour faire tomber la singulière théorie du conseil d'État qui présente la durée comme étant à la fois illimitée et facultative.

La tacite reconduction est également utile à l'assuré et à la Compagnie; à l'assuré, car il peut facilement l'éviter en manifestant sa volonté, et elle l'empêche d'être surpris par l'expiration de sa police et de se trouver, sans le savoir, à découvert d'assurance; à la Compagnie, car elle lui évite les démarches et les frais de renouvellement, et lui conserve bien des assurances qui autrement pourraient échapper à sa vigilance, et s'éteindre, ou passer à d'autres Compagnies. Nous concevons difficilement comment le principe de la tacite reconduction a pu être critiqué; il l'a du reste été peu sérieusement, et seulement dans l'entraînement des polémiques suscitées par l'esprit de concurrence.

La mutualité a surtout pratiqué ce principe, mais il ne lui est ni essentiel, ni spécial, et quelques Compagnies à prime l'ont également adopté.

Le point de vue sous lequel il intéresse principalement les praticiens, est celui du courtage qui peut être dû pour le renouvellement des polices à expiration ; on comprend que ce point de vue n'intéresse pas la théorie, et que nous pouvons le laisser tout à fait de côté. Montrer que la durée est du domaine exclusif de la convention, était notre objet principal.

DU COMPTE-RENDU.

Puisqu'il faut des garanties, il ne suffit pas d'avoir dit ce qu'elles ne sont pas, il faut encore montrer ce qu'elles doivent être : c'est ce que nous allons essayer de faire.

Nous ne parlerons pas de l'institution d'un conseil général, d'un conseil d'administration, d'un comité de censure ou surveillance, non plus que des règles financières relatives au maniement et à l'emploi des fonds ; ce sont choses trop bien connues.

Nous parlerons seulement des règles qui ont pour but de contenir ce que le conseil d'État, du haut de sa grandeur législative, appelle l'avidité des directeurs. On n'est pas directeur d'une Compagnie par pure philanthropie, et plus seront grandes les garanties pécuniaires et la capacité personnelle qu'on exigera d'un directeur, plus seront ses prétentions difficiles à satisfaire. A l'allocation normale et directe qui lui est accordée pour les frais d'administration à sa charge, il cherchera toujours à ajouter le plus possible d'allocations exceptionnelles et indirectes. Le conseil d'administration entrera d'autant plus facilement dans ses vues à cet égard que les statuts de presque toutes les Compagnies mutuelles admettent, en termes plus ou moins vagues, plus ou moins positifs, le principe des allocations étrangères aux frais d'administration ; les charges additionnelles ainsi créées peuvent devenir assez importantes pour grever la Compagnie au point d'effacer les avantages de la mutualité.

En effet, l'institution a pour objet de faire face à quatre sortes de dépenses :

Les sinistres,

Les impôts,

Les frais de courtage,

Les frais d'administration.

Pour que la société prospère, il faut, d'après les hypothèses que nous avons déjà posées, et sur lesquelles nous continuons à raisonner, que les sinistres augmentés des impôts représentent chaque année.................... 20 p. % de la garantie ;
les frais de courtage.............. 5 p. %
les frais d'administration.......... 5 p. %

En tout........ 30 p. % de la garantie, qui doivent égaler à peu près deux tiers de la prime fixe. Dans de telles conditions, une société mutuelle prospérerait ; mais elle ne peut les obtenir que par une lutte victorieuse contre la chance aléatoire qui, toujours imminente, jamais réparable, ne peut être conjurée qu'à force de vigilance, de sagesse, d'économie. Faute d'approfondir, on se laisse facilement entraîner, en matière d'assurance, à regarder comme peu importantes des dépenses quelquefois considérables, parce qu'on sait qu'elles vont être réduites en fractions minimes ; on oublie qu'aucune de ces fractions ne doit rester seule, et que par le nombre elles redeviennent lourdes à supporter. Qu'importe, lorsqu'on règle un sinistre important, de comprendre dans les frais de règlement 500 fr. ou 1,000 fr. pour les frais de voyage et de séjour de l'inspecteur ou du directeur qui a été sur les lieux pour régler le sinistre? Cependant il peut y avoir dans le cours d'une année cent, deux cents, trois cents sinistres, dont une partie sont importants, et les inspecteurs, en tournée pour d'autres objets, n'ont pas eu à faire les voyages entiers. Le directeur, cependant, en est déchargé, et le montant des sinistres est accru d'autant.

Qu'importe l'addition au compte annuel de frais d'expertise destinés à couvrir le directeur des frais qu'il fait pour reconnaître les objets proposés à l'assurance, visiter les lieux et refuser les risques trop graves? C'est une dépense peu importante qui ne doit pas se renouveler pour une même assurance, et sur laquelle le directeur pourrait, si on la laissait à sa charge, être tenté de faire une économie préjudiciable à l'intérêt social. D'ailleurs, notre système de frais de courtage n'étant encore adopté par aucune Compagnie mutuelle, cette allocation a l'avantage d'aider le directeur à payer aux courtiers une commission suffisante. On charge donc encore la société des frais d'expertise, qui grossissent le chiffre des dépenses dans une proportion quelquefois très-sensible.

Qu'importe enfin de tenir compte au directeur des dépenses extraordinaires qu'il peut faire dans l'intérêt exclusif de la société, et de les lui rembourser? Que sont les 5, 10, 15 ou 20 mille francs qu'on ajoute ainsi au compte des sinistres?

Voilà comment raisonne un conseil d'administration toujours influent sur le conseil général. En effet, chacune des dépenses dont on dégrève le directeur, est peu importante pour la société; mais si nous examinons ce que feront les frais de 20, 50, 100 voyages peut-être, augmentés de 50 ou 75 centimes $^{oo}/_{oo}$ de frais d'expertise sur 30, 40, 100 millions d'assurances faites dans l'année, et quelquefois davantage, augmentés encore d'une gratification de quelques milliers de francs, on verra qu'en fin de compte, le directeur aura fait payer une bonne part de son administration par la Compagnie, et que le prix de son abonnement, destiné à couvrir les charges qui lui incombent, sera presque entièrement transformé en bénéfice exorbitant.

Dans beaucoup de Compagnies, on ne s'en tient pas là, et, en dehors des allocations plus ou moins régulières dont nous venons de parler, on en accorde d'autres au directeur qui n'entrent pas dans le compte social et sont mises à la charge particulière de chaque assuré ; tels sont :

Les frais de police et plaque,

Une seconde portion et quelquefois la totalité des frais d'expertise, qui alors n'entrent pour aucune partie dans le compte social,

Un droit fixe à la charge des sociétaires en retard de payer la prime,

Des frais de timbre à 1, 2, 3 centimes °°/$_{\circ\circ}$ à la manière des Compagnies à prime fixe.

Nous ne voulons pas dire que ces abus soient les seuls, ni que tous soient réunis dans une seule Compagnie ; mais, pour nous qui ne faisons ici que de la théorie, la possibilité est réputée pour le fait, et ces abus nous paraissent très graves (1).

Que signifie, après avoir arrêté le compte social, après l'avoir grossi d'une foule de dépenses qui font double emploi avec les frais d'administration dans lesquels elles devraient être comprises, de venir encore charger les sociétaires de redevances accessoires ?

Si ces redevances sont légitimes et nécessaires, c'est une faute de les glisser furtivement dans le compte particulier de tous ou de quelques sociétaires, il faut les produire au grand jour du compte publiquement soumis au conseil général. Toute recette qui n'a pas subi l'apurement de ce compte général, ressemble à une extorsion, complique et embrouille tout, dans une matière où la moindre complication appelle à juste titre la défiance des gens prudents. Les comptes soumis au conseil général doivent être aussi simples que possible ; pour les rendre simples

---

(1) Nous ne parlons pas des Compagnies mutuelles qui font payer une prime fixe à leurs assurés, sorte d'abonnement moyennant lequel le directeur prend les sinistres à sa charge et profite seul des bienfaits de la mutualité. L'institution est tout-à-fait dénaturée par un tel arrangement, qui de la mutualité ne laisse à une Compagnie que le nom et les inconvénients.

il faut les grouper logiquement ; mais si l'addition de droits particuliers les rend incomplets, ils deviennent faux, ils ne sont plus qu'un leurre destiné à gagner une approbation qui va être étendue au delà de son objet. Le public peut se croire exploité par un intérêt privé.

L'usage a consacré au profit des directeurs un droit de police et plaque en dehors des comptes réguliers ; ce serait une rigueur trop grande de réprouver cet usage ; mais on ne doit pas s'autoriser d'une tolérance pour en demander une autre, puis encore une autre, et nous pensons que la première garantie qu'on doive aux sociétaires, c'est d'ordonner dans les statuts, qu'à la seule exception près que nous venons de signaler, il ne soit jamais réclamé aux sociétaires, à quelque moment ou à quelque titre que ce puisse être, aucune somme au delà de leur contribution, soit au dépôt de garantie lorsque commence la première année, soit au montant général et unique des charges sociales à la fin de chaque année.

La seconde garantie consistera à faire pour la société en général ce que nous venons de faire pour chaque sociétaire en particulier, c'est-à-dire à la défendre contre l'appétit de son directeur.

Nous avons déjà dit combien il est facile, en théorie, de répartir les dépenses entre les quatre comptes ;

De sinistres,

D'impôts,

De frais de courtage,

De frais d'administration,

dont nous avons expliqué la nature. Nous avons dit aussi que cette opération est beaucoup moins simple en pratique, et nous le prouverons tout à l'heure en montrant comment on arrive à mettre à la charge de la société, par double emploi avec les frais d'administration, des dépenses qui devraient être comprises dans ces frais. Il faut maintenant montrer les moyens d'éviter cet abus, on verra qu'ils sont simples.

Nous pouvons classer en trois sortes les dépenses qui sont à tort distraites des frais d'administration :

1° Les unes sont séparées de ces frais en vertu des statuts : pour faire cesser cet abus, il suffit de retrancher des statuts toutes les dispositions qui accordent au directeur des frais d'expertise ou autres allocations quelconques, au delà du montant de son abonnement ;

2° D'autres sont des allocations exceptionnelles que le conseil d'administration accorde au directeur en dehors des statuts, pour suppléer à l'insuffisance alléguée du taux de l'abonnement, et pour l'indemniser de dépenses présentées comme extraordinaires et comme ayant profité à la société ; il n'est guère possible d'espérer que le conseil général refuse jamais ces allocations déjà accordées par le conseil d'administration : mais on peut insérer dans les statuts une clause qui prohibe toute allocation de cette nature ; aucuns frais d'inspection, notamment, aucuns frais de recouvrement des primes, même judiciaires, aucuns impôts mobiliers, ni locatifs, ne doivent être distraits des frais d'administration, car ils rentrent bien certainement dans les frais généraux en vue desquels on a contracté l'abonnement ;

3° D'autres dépenses enfin, quoique rentrant également dans ces frais généraux, sont facilement confondues dans les charges qui incombent directement à la société, et le directeur est plus facilement encore porté à faire cette confusion ; c'est là un abus que la vigilance des administrateurs et des censeurs peut seule prévenir ; néanmoins, on ne peut espérer qu'ils entrent assez dans le détail des comptes pour rectifier toutes les fausses applications ; nous avons cité particulièrement les frais de voyage et de séjour des inspecteurs : une partie de ces frais est occasionnée uniquement par les sinistres, mais souvent un inspecteur se trouve tout porté sur les lieux ; le directeur cependant, qui est chargé des frais ordinaires d'inspection, ne manque pas de porter le voyage entier au compte du sinistre ; c'est autant de moins qu'il dépense, autant de plus qu'il gagne ; le conseil d'administration, ne pouvant apercevoir que la nécessité du voyage, approuve le compte du directeur, et ce fait, renouvelé plusieurs fois, lui fait réaliser une diminution sensible des charges que légitimement il devrait supporter en entier. Nous ne voyons pas d'autre moyen d'éviter cet abus que de ne pas comprendre dans les frais de règlement les frais de voyage et de séjour des inspecteurs, même quand ils sont nécessités par l'incendie ; les statuts les mettront expressément à la charge du directeur, comme faisant partie des dépenses en vue desquelles le taux de l'abonnement a été fixé. Ce système a l'avantage, et nous reviendrons tout à l'heure sur cette idée, de faire partager la chance aléatoire par le directeur : il identifie son intérêt à celui des sociétaires, c'est une garantie de plus pour eux.

Les statuts ne doivent pas se borner, comme nous venons de le faire, à signaler les abus et à les frapper d'une prohibition théorique ; ils doivent préparer l'application pratique des principes, empêcher matériellement qu'on ne puisse s'en écarter, et, pour atteindre ce but, le moyen le plus simple nous paraît être de régler la forme des comptes rendus annuels. On sait combien le rapprochement des chiffres peut être lumineux ou obscur suivant la méthode qui y préside : imposer une méthode qui mette en lumière les principes que nous venons d'exposer, et fasse apercevoir facilement la moindre dérogation, est le but que nous nous proposons ; voici comment nous pensons l'atteindre.

Nous voulons, d'abord, pour rendre bien distinctes les quatre sortes de dépenses, que le compte rendu soit divisé en quatre chapitres, intitulés :

Sinistres,

Impôts universels,

Frais de courtage,

Frais généraux.

Passant ensuite à chacun des comptes en particulier, nous voulons qu'ils soient disposés de la manière suivante :

1° *Sinistres.* On dressera un tableau contenant la liste complète des sinistres arrivés pendant l'année. Outre la date et le lieu du sinistre, le nom de l'incendié, la nature du risque, ce tableau contiendra, dans quatre colonnes, et pour chaque sinistre,

L'indemnité payée,

Les frais de règlement,

Les frais judiciaires, } quand il y aura lieu.

L'intérêt des avances, }

Dans les frais de règlement on comprendra les frais de sauvetage et d'expertise, et généralement toutes les dépenses accessoires occasionnées par le sinistre, à l'exception des frais de voyage et de séjour des inspecteurs, qui resteront à la charge du directeur. Au chiffre obtenu on ajoutera les primes payées aux Compagnies réassureurs ; on retranchera du total les portions d'indemnités reçues de ces compagnies , et l'on aura le montant véritable des sinistres.

2° *Impôts universels*. Ce chapitre contiendra le compte des impôts, mais seulement, ainsi que le titre l'indique, de ceux qui portent sur les affaires, sur l'existence de la société : nous citerons, dans l'état actuel, le timbre et la patente, s'il en est dû une. Les impôts qui n'ont pas ce raractère collectif, qui ne résultent pas des opérations de la Compagnie et n'ont qu'un caractère particulier, l'impôt locatif, par exemple, ou mobilier, la patente du directeur, s'il en doit une comme gérant d'affaires, resteront à la charge du directeur.

3° *Frais de courtage*. Ces frais devront être avancés au fur et à mesure des besoins, par le directeur ou par tout autre capitaliste, et lui être remboursés par annuités. Un traité spécial est nécessaire pour régler la base de ces annuités ; mais quelle qu'elle soit, ce chapitre contiendra cinq colonnes, où seront énoncés, pour chaque année où une commission produisant encore annuité aura été payée ,

Le montant des commissions primitivement payées ,

Le montant des annuités payées jusqu'à l'année courante,

L'annuité de l'année courante,

La somme restant due, ⎫ suivant qu'il résultera des trois
Le bénéfice réalisé,　⎭ premières colonnes.

Nous exigeons tout ce détail pour que les résultats d'un traité trop onéreux à la Compagnie ne puissent passer inaperçus, et pour que le taux des commissions, divulgué, soit ramené à des proportions plus équitables.

4° *Frais généraux*. Le chapitre que nous intitulons ainsi, et non *Frais d'administration*, pour mieux faire comprendre la nature de ces frais, contiendra le décompte, conformément au forfait passé avec le directeur, du prix d'abonnement moyennant lequel il a pris tous les frais généraux à sa charge, et ne pourra contenir, à quelque titre que ce soit, aucune autre somme.

Le montant de ces quatre comptes, augmentés d'un cinquième où l'on fera entrer les non-valeurs de l'exercice précédent, sera totalisé, et l'on connaîtra le montant des charges de l'année. La répartition mensuelle de ces charges, nécessaire à connaître pour les assurances souscrites ou résiliées pendant le cours de l'année, sera indiquée dans un tableau séparé et sans détail.

Nous ne pensons pas qu'il soit nécessaire d'insister pour montrer combien un tel compte rendu obligerait l'administration d'une Compagnie mutuelle à l'application rigoureuse des principes. Il rendrait les moindres dérogations faciles à découvrir ; il rendrait le mécanisme de la mutualité facile à comprendre par tout homme intelligent appelé à s'en occuper, et permettrait aux administrateurs, aux censeurs et surtout aux membres du conseil général, moins au courant de la matière, d'exercer avec plus de lumière les fonctions qui leur sont confiées ; il faciliterait surtout la surveillance du commissaire que le Gouvernement place auprès de toute compagnie anonyme.

Il est enfin une troisième garantie que nous ne voyons pas sans étonnement négligée jusqu'à présent par le conseil d'État : elle consiste à exiger que le directeur prenne un intérêt dans les opérations de la Compagnie. Aucune compagnie d'actionnaires ne néglige cette précaution ; toutes obligent leurs directeurs à prendre un nombre important d'actions ; c'est là une chose impossible pour la mutualité, qui n'a pas d'actions ; il serait sans utilité d'obliger le directeur à s'assurer, l'intérêt ainsi créé aurait trop peu d'importance. Mais il est un moyen plus efficace d'unir l'intérêt du directeur à celui des sociétaires, c'est d'augmenter le taux de l'abonnement quand les charges sociales diminuent, de le diminuer quand elles augmentent. Ce résultat peut être facilement et simplement obtenu.

Supposons, en effet, les frais d'administration établis sur les bases que nous avons précédemment indiquées, et supposons qu'ils représentent 5 % de la garantie. Il sera entendu que ces 5 % ne seront acquis au directeur qu'autant que les sinistres, les impôts, les frais de courtage, les non-valeurs réunis seront justement 25 % de la garantie, qu'autant par conséquent que la portion de garantie non absorbée par ces chapitres sera de 75 %. Toutes les fois que la portion non absorbée augmentera ou diminuera, la recette du directeur augmentera ou diminuera dans la même proportion, de telle sorte qu'il n'aura rien à recevoir si la garantie est absorbée en entier par les quatre chapitres. Le directeur nous paraît ainsi engagé sérieusement dans la chance aléatoire qu'il est chargé de gouverner pour le compte des sociétaires.

Si nous rappelons maintenant que nous avons mis à la charge du directeur les frais de voyage des inspecteurs chargés de régler les sinistres aussi bien que les frais ordinaires d'inspection, détournant ainsi, pour éviter un abus, les premiers de la place qu'ils devraient logiquement occuper dans le compte des sinistres, nous voyons que le directeur est doublement intéressé à prévenir, par la prudence de son administration, les événements onéreux aux sociétaires, et nous pensons avoir trouvé une solide et précieuse garantie.

Que si l'on s'inquiétait de l'étendue que peuvent prendre les charges que nous imposons au directeur, si l'on critiquait la prohibition de tout secours à lui accordé par la Compagnie, nous répondrions simplement que la Compagnie ne peut supporter concurremment avec le directeur une partie des frais généraux sans renoncer aux avantages du système d'abonnement, qui a pour unique objet de fixer par avance des frais variables, en laissant le directeur réaliser, *à ses risques et périls*, toute économie à laquelle cette évaluation anticipée pourra donner lieu, et que l'inquiétude qu'on manifeste, et que le directeur ne peut manquer de partager, est précisément une des garanties qu'on doit aux assurés. Il faut que le directeur souffre des mauvaises chances comme il profite des bonnes. Il ne faut pas certainement qu'à chaque crise sociale le traité du directeur puisse amener sa ruine; mais il ne faut pas non plus que ce traité le mette entièrement à l'abri des événements; la situation que nous lui faisons ne peut devenir onéreuse que si le prix de l'assurance mutuelle atteint des proportions exagérées, et alors il est juste qu'il soit le plus rudement frappé par la ruine commune, que lui seul pouvait prévenir.

En résumé, les garanties que nous demandons pour les assurés consistent :

A proportionner les avantages annuels du directeur au bon marché de l'assurance;

A exiger un compte-rendu annuel des opérations de la Compagnie, bien clair et bien complet;

A ne point permettre qu'on puisse ajouter au compte social aucune dépense pouvant rentrer dans les frais généraux, ceux-ci étant mis à la charge du directeur et remplacés par le prix de l'abonnement;

A ne point permettre qu'on fasse payer aux assurés aucune redevance en dehors du compte social, les frais de police et de plaque, consacrés par l'usage, étant seuls exceptés de la rigueur de cette règle.

Nous allons maintenant porter notre attention sur des garanties d'un ordre différent.

FONDS DE RÉSERVE.

Poser sainement les principes de la mutualité, et en préparer l'application sincère, là ne se borne pas la mission des statuts: ils doivent encore corriger les inconvénients inhérents au système.

Le principal, nous n'osons pas dire le seul inconvénient de la mutualité, c'est qu'elle laisse à la chance aléatoire une partie de son imprévu. Ainsi, la contribution moyenne étant de 30 % de la garantie, l'oscillation probable est de 25 à 35 %, mais cependant l'assuré reste sous la menace permanente d'une oscillation exceptionnelle : rien ne lui garantit que la contribution n'atteindra pas 45 ou 50 %. Cet excès est peu probable, il sera nécessairement compensé par une oscillation en sens contraire, mais il n'est pas impossible ; et payer 15 % une année, 45 % une autre année, est une éventualité à laquelle aucun assuré ne se soumettra volontairement ; beaucoup aimeront mieux payer fixement 45 % chaque année, que de laisser une aussi large part à l'imprévu. Il est donc important de prévenir cet imprévu, et pour cela un procédé se présente naturellement à l'esprit, c'est de charger par avance les années heureuses au profit des années suivantes qui peuvent se trouver malheureuses. L'établissement d'un fonds de réserve est une garantie qui nous paraît indispensable.

Cette nécessité est bien sentie dans la pratique. Mais un fonds de réserve est un capital qu'il faudrait distribuer, au jour d'une liquidation de la société, à des sociétaires autres que ceux qui l'auraient versé, ce qui serait pour ces sociétaires un bénéfice ; bénéfice injuste puisqu'il profiterait à d'autres qu'à ceux qui l'auraient fait naître, bénéfice inadmissible puisque le contrat d'assurance exclut toute idée de bénéfice. C'est là une objection très-juste, qui a jusqu'ici empêché la mutualité d'adopter franchement le système du fonds de réserve. Mais elle s'adresse à un fonds de réserve tel que l'établissent habituellement les sociétés d'actionnaires, c'est-à-dire devenant, aussitôt qu'il est versé, la propriété de la société, personne civile distincte, et ne devant être réparti entre les assurés qu'au moment d'une liquidation générale. Si la mutualité peut établir son fonds de réserve sur d'autres bases, celles, par exemple, qui servent à l'établissement du fonds de prévoyance ou roulement, l'objection tombe. C'est en effet ce qu'on peut facilement faire.

Nous avons supposé la contribution moyenne de 30 %; supposons en outre que 40 % représente le taux de la prime fixe. On peut disposer ainsi les statuts : toutes les fois que la contribution sera inférieure à 40 %, les sociétaires verseront 1/3 de la différence pour composer un fonds de réserve ; toutes les fois, au contraire, que la contribution excédera 40 %, l'excédant sera couvert au moyen du fonds de réserve. Les assurés mutualistes jouiront ainsi des avantages de la prime fixe, étant certains de ne pas payer plus de 40 %, et des avantages de la mutualité, ayant la chance de payer beaucoup moins. Les sommes versées par chaque sociétaire pour le fonds de réserve resteront sa propriété tant qu'elles ne seront pas employées, et seront portées séparément à son compte courant, pour lui être restituées le jour où il cessera de faire partie de la société. Le fonds de réserve est versé à titre de dépôt seulement, comme le fonds de prévoyance ; avec cette différence, toutefois, que le dépôt de prévoyance est toujours rendu entier, tandis que le dépôt de réserve, affecté à un usage spécial, est rendu sauf déduction des sommes employées à cet usage. Cette différence est la seule, et les principes de la mutualité ne s'opposent pas plus à l'établissement de l'un que de l'autre de ces dépôts.

Rien n'est plus simple que ce système : nous le formulons de nouveau pour plus de clarté. Chaque année où la contribution n'atteindra pas 40 % de la garantie, chaque sociétaire versera 1/3 de la différence entre le montant de cette contribution et les 40 % ; ce versement, destiné à la formation d'une réserve, sera la seule addition qui puisse être faite à la contribution unique telle que nous l'avons précédemment établie ; il en sera distinct, et chaque sociétaire, le jour où il se retirera de la société, aura le droit de reprendre la totalité de ce qu'il aura ainsi versé, si la réserve n'a pas été entamée, sa part proportionnelle si elle l'a été. Nous allons voir maintenant que ce système sera aussi efficace que simple.

En effet, 40 °/₀ étant le taux de la prime fixe, il est difficile, en tout cas il sera bien rare que cette limite soit dépassée ; nous pouvons donc compter, la moyenne étant de 30 °/₀, qu'il sera versé annuellement, pour former la réserve, 3 °/₀ de la garantie, et la durée moyenne des polices étant de 5 ans, nous aurons :

1/5 des assurances ayant contribué 5 fois à la réserve.
1/5   —— 4 fois.
1/5   —— 3 fois.
1/5   —— 2 fois.
1/5   —— 1 fois.

Au total.... 15 fois.

En moyenne chaque assurance aura contribué 3 fois à la réserve, qui sera ainsi portée à 9 °/₀ de la garantie, somme très-suffisante, puisque, fût-elle entamée par une année extraordinairement malheureuse, on est certain qu'elle serait promptement recomplétée par la marche ordinaire des choses, sans même tenir compte du retour à la moyenne. Que si la réserve venait à être absorbée entière, et qu'après cela la contribution continuât à excéder les 40 p. °/₀, c'est que la société serait en mauvaise voie, marcherait à sa ruine, et contre cette éventualité il n'y a pas de réserve qui puisse suffire.

La réserve de 9 p. °/₀ qui résulte des chiffres hypothétiques sur lesquels nous avons dû raisonner pour rendre clair le mécanisme de notre système, sera donc suffisante pour les besoins. En même temps et par le jeu même du système, elle sera difficilement dépassée, ou de très-peu, car pour qu'elle atteignît

15 p. %, il faudrait une durée moyenne de neuf ans, pour qu'elle
atteignît 20 p. %, il faudrait une durée moyenne de douze à
treize ans ; or on ne peut guère espérer, même en comptant sur
la tacite reconduction, que la moyenne de durée s'élève au-dessus de neuf années ; il n'est donc pas à craindre que la réserve
atteigne jamais un chiffre hors de proportion avec les besoins.
Si toutefois on était inquiet à cet égard, rien ne serait plus facile que de fixer une limite, et de statuer, par exemple, que tout
sociétaire dont la part dans la réserve atteindra 30 p. % de sa
garantie, sera dispensé de tout versement tant que cette proportion ne changera pas.

Nous n'entrerons pas ici dans de plus grands développements,
qui demanderaient, pour être sérieux, à s'appuyer sur des données pratiques, et sortiraient du domaine de la théorie. Le système nous paraît suffisamment éclairci. Il serait un grand progrès pour l'organisation mutuelle ; l'application en serait chau-
dement accueillie par le public ; ce dernier point, qui ne nous paraît
pas douteux, est surtout une grande recommandation. Nous ne
doutons point qu'un jour ou l'autre le conseil d'État n'intro-
duise dans les statuts la garantie que nous venons d'indiquer ;
en attendant qu'une voix assez puissante appelle son attention
de ce côté, les Compagnies mutuelles peuvent entrer d'elles-
mêmes dans la voie que nous leur traçons, rien dans leurs statuts ne s'y oppose, et de beaux résultats les récompenseraient
de cet effort anti-routinier.

DES COURTIERS D'ASSURANCE TERRESTRE.

Une dernière garantie enfin, rentrant dans un ordre d'idées
beaucoup plus général, nous paraît désirable. Elle s'applique
aux assurés de la prime fixe comme aux assurés mutualistes ;
elle consiste à déterminer les devoirs professionnels des individus qui s'entremettent entre les Compagnies et les particuliers,
à charger l'État de surveiller l'accomplissement de ces devoirs,
à créer enfin des courtiers d'assurance terrestre.

Celui qui prend en main l'intérêt d'un tiers, a des devoirs à remplir, il doit préférer l'intérêt du tiers au sien propre; c'est pour cela qu'en règle générale et sauf convention contraire, le mandat est gratuit. Quand le mandataire fait métier et profession de l'exercice des mandats qui lui sont confiés, il perd tout esprit de désintéressement, et le rôle qu'il joue habituellement est ou un commerce, ou une fonction publique. L'exercice du commerce est régi par la loi commerciale; la fonction publique engendre des devoirs spéciaux, l'exercice n'en est permis que sous certaines conditions de capacité et de moralité. Une fois qu'on y a satisfait, on fait partie d'une corporation soumise à une surveillance rigoureuse. Ainsi la demande l'intérêt de la société, qui ne doit pas être livrée à l'avidité des agents d'affaires.

En matière d'assurance terrestre, cependant, ces principes bienfaisants ne reçoivent encore aucune application. Le premier venu peut s'introduire dans les maisons, s'annoncer sous le titre le plus pompeux, le plus propre à attirer la confiance, solliciter, extorquer à la fin un consentement, faire signer un contrat d'assurance, toucher la prime de première année, recourir à tous les mensonges, à tous les moyens de persuasion que l'amour du gain peut suggérer; l'administration n'intervient pas dans ces opérations pour y mettre de l'ordre, les soumettre à des règles et obliger les intermédiaires à se préoccuper de l'intérêt de leurs clients; elle ne leur impose aucune responsabilité et ne fait rien pour les soustraire à l'entraînement corrupteur de la concurrence. Elle oublie quelque peu, ce nous semble, ses devoirs de protection envers le public.

Les Compagnies sont assez puissantes pour se protéger seules. Sachant à quoi s'en tenir sur le compte des courtiers libres à qui elles ont affaire, n'attendant pas d'eux la sincérité, le désintéressement, les lumières, seuls titres d'un intermédiaire à la confiance, elles ont créé dans leur sein cet intermédiaire indispensable pour suppléer aux rapports directs que l'inégalité de condition , la diversité d'existence civile rend à peu près impossibles ; elles ont investi certains employés d'une sorte de ministère consistant à certifier la sincérité, l'opportunité de l'assurance, à constater la nature et les circonstances de l'objet à assurer. Cette fonction varie dans son étendue et dans sa forme, suivant qu'elle s'exerce dans un centre comme Paris, où abondent les courtiers libres, ou dans une province, où l'on ne trouve que les mandataires réguliers des Compagnies ; mais elle constitue partout une garantie sérieuse. Malheureusement, établie par les Compagnies, cette garantie ne profite qu'à elles. L'inspecteur des Compagnies, muni de leurs instructions, investi de leur confiance, ne doit rien aux assurés, ne défend pas leurs intérêts, ne les aide pas de ses lumières, il n'est que le champion des Compagnies. Cet autre intermédiaire qui reçoit la confidence des deux parties, leur fournit indifféremment les renseignements qu'elles désirent, et, sans jamais trahir la confidence ni de l'une ni de l'autre, les déclare liées par un contrat quand leur consentement se rencontre parfait sur un même objet, le courtier enfin, l'officier ministériel, manque dans notre organisation administrative. La justice même se ressent de cette lacune, sans laquelle on ne verrait pas si souvent les tribunaux faire preuve de partialité en faveur des assurés, parce qu'ils sont trop préoccupés de la facilité avec laquelle leur intérêt peut être sacrifié au moment du contrat, et leur consentement extorqué.

Nous ne pensons pas que personne conteste la nécessité de l'établissement d'un corps de courtiers d'assurances terrestres. Plus tôt ou plus tard, il aura certainement lieu. Mais il n'est pas aussi facile qu'on pourrait le croire au premier coup d'œil, de déterminer la mission qui doit leur être confiée. Deux questions se présentent : Le ministère des courtiers sera-t-il obligatoire? Quels seront les droits des courtiers actuels, qui seraient plus proprement appelés placiers? Nous pensons que le ministère des courtiers doit être obligatoire, et que les placiers ont droit à toute la commission dont nous avons parlé précédemment. Mais alors

quels seront les droits des courtiers? Si leur mission n'est pas
de faire la place, en quoi consistera-t-elle? Ces questions ont
besoin d'être examinées.

Nous voulons que le ministère du courtier soit obligatoire,
parce que sans cela l'institution serait vaine. Le courtier, officier
ministériel près la Bourse de commerce, a la clientèle assurée des
personnes qui fréquentent la Bourse, c'est-à-dire des gros négociants : en assurance maritime le contrat direct est peu usité, ou
ne l'est pas; mais l'assurance terrestre regarde une foule de
petits commerçants et de non-commerçants pour qui la Bourse
est un pays étranger, qui ne vont pas au devant du courtier, au
devant de qui le courtier régulier n'ira pas, parce que sa position
sociale ne lui permet pas de suivre la piste de très-petites affaires ; si le ministère des courtiers n'est pas obligatoire, il arri-
vera que ces petites affaires seront faites directement aux yeux
de la loi, mais, en réalité, par l'intermédiaire des placiers ; les
grands négociants, les grands propriétaires, qui sont capables de
défendre eux-mêmes leurs intérêts, sont précisément les seuls
qui auront recours au ministère protecteur de l'officier ministériel ; les petites gens, au contraire, qui ont le plus besoin de
protection, resteront abandonnés aux petits coureurs d'affaires.
Voilà pourquoi nous demandons que le ministère du courtier soit
forcé : la sincérité, la loyauté seront ainsi assurées dans les
petites comme dans les grandes affaires.

Nous ne supprimons pas pour cela les placiers. Nous le di-
sions tout à l'heure, pour procurer aux Compagnies toute la
matière assurable il faut que l'on parcoure tous les degrés de
l'échelle sociale. Il faut autant, et quelquefois plus de démarches
pour le plus humble que pour le plus grand établissement: ceux
qui peuvent s'adresser à celui-ci, ne descendront pas à celui-là,
qui cependant n'échappera pas à des investigateurs moins ambi-
tieux ; il y a nécessité de laisser pleine liberté aux agents d'affaires : les courtiers passeront après eux, contrôleront sérieuse-

ment leurs opérations : le double besoin de développer et de moraliser les affaires sera satisfait. Mais il y aura double travail, il faudra double rémunération. Là peut-être verra-t-on une difficulté : elle ne nous apparaît pas ; rien n'est plus facile que d'allouer au placier la commission de 50 °/₀ calculée sur le taux du tarif unique, ainsi que nous l'avons proposé précédemment, et d'allouer au courtier une autre commission de 10 °/₀. La Compagnie aura 10 °/₀ à payer quand l'assurance sera proposée directement, soit à elle, soit au courtier ; elle aura 60 °/₀ à payer quand l'affaire sera apportée, à elle ou au courtier, par l'intermédiaire d'un placier considéré comme employé de la Compagnie : cette idée est trop simple pour ne pas être praticable.

Quel est donc alors le rôle du courtier ? Nous ne changeons rien à la manière dont se font actuellement les affaires, sinon que nous faisons intervenir ce personnage : il faut définir sa mission. Une Compagnie sera toujours libre de reconnaître par elle-même le risque qu'on lui propose à l'assurance, la solvabilité du proposant ; l'assuré, de son côté, sera libre de discuter directement avec la Compagnie les conditions de son assurance, de se renseigner personnellement sur la solidité de la Compagnie, sur les avantages et les garanties qu'elle offre. Mais il est certain que pour l'une comme pour l'autre des parties, le courtier sera la source la plus sûre de renseignements exacts. L'assuré qui interrogera un courtier sur la situation d'une Compagnie, sur les avantages qu'elle présente, ne trouvera pas en lui un conseiller intime, qui lui fasse part de ses préférences personnelles ; mais il recevra de lui des informations matérielles, suffisantes pour produire une conviction ; il sera guidé dans l'examen des conditions qu'on lui offre, il sera certain de ne pas être trompé. La Compagnie, de son côté, certaine d'avoir par le courtier une description exacte et intelligente de l'objet à assurer, plus certaine que par un employé dont l'absence de caractère public rend les recherches plus difficiles, aura en même temps des renseignements bien plus certains sur la moralité du risque. Les informations que le caractère public du courtier le mettra à même de se procurer, sont les suivantes :

Dans tous les cas :   — Y avait-il des assurances antérieures, et comment ont-elles pris fin ?

— Y a-t-il insolvabilité notoire ou rendue douteuse par certaines circonstances particulières ?

S'il s'agit d'un commerçant, — L'établissement est-il ancien ou nouveau ? change-t-il souvent de maître ?

S'il s'agit d'un particulier, — Déménage-t-il souvent ou est-il en résidence stable ? Est-il ou non dans les affaires, ou retiré des affaires ?

Ces renseignements, tout matériels, que la position et les relations d'un courtier lui permettent d'obtenir plus facilement qu'un employé sans titre officiel, peuvent lui être demandés, et suffiront pour mettre, quand il y aura lieu, la Compagnie en quête directe de détails plus intimes, qui du reste ne peuvent guère être obtenus dans les grands centres, qui au contraire le sont toujours dans les provinces par l'intermédiaire des mandataires locaux.

Le courtier, une fois qu'il aura renseigné les deux parties, reçu séparément leur consentement et leur signature, délivrera en double une police qui les obligera l'une envers l'autre. Une telle marche assurera dans tous les contrats une parfaite loyauté, et présentera toutes les garanties désirables. La dépense imposée aux Compagnies pour la rémunération des courtiers sera largement compensée par la diminution des non-valeurs qu'engendre si souvent l'intervention actuelle des placiers. La commission étant proportionnée à la durée de l'assurance, ils font toutes leurs affaires pour dix ans, et une Compagnie peut difficilement réduire cette durée quand elle n'est pas sérieusement stipulée, parce qu'elle craint de mécontenter le placier. Le courtier, qui n'a pas les mêmes ménagements à garder, réduira la durée toutes les fois que la sincérité de la convention le demandera, et les commissions seront ainsi rendues moins lourdes pour les Compagnies. L'intervention moralisatrice du courtier n'aura blessé que l'intérêt du placier, privé d'un lucre illégitime qu'il se procurait en échangeant avec les Compagnies des non-valeurs contre de bonnes espèces.

L'opération du courtier, cependant, sera moins simple que nous ne l'avons supposé en admettant qu'il se trouverait directement et sans difficulté en rapport avec le proposant. Dans un grand centre, à Paris surtout, où le consentement n'est le plus souvent accordé qu'aux persévérantes sollicitations d'un placier, le courtier, se présentant pour remplir sa mission, trouvera souvent le proposant absent ; il pourra presque toujours faire l'examen des lieux ; mais la personne qui s'assure, attachant trop peu d'importance à l'assurance pour se prêter à une rencontre, il sera quelquefois très difficile de la joindre ; l'affaire cependant est régulière, la signature constante, il n'y a plus qu'à régulariser le contrat. Dans ce cas, assez fréquent dans les petites et dans les moyennes affaires, il serait bon d'éviter la multiplicité des démarches, les retards et les frais qui en résultent, en facilitant au courtier les moyens de constater le consentement qu'il va certifier.

Nous pensons qu'on atteindrait ce résultat en autorisant le courtier à dénoncer sa visite par un avis écrit, déposé par lui au domicile de la partie. Cet avis annoncerait au futur assuré que, faute de réclamation de sa part dans les deux jours suivants, la signature donnée par lui sera considérée comme définitive, et qu'alors la police sera délivrée pour une assurance dont les sommes seraient sommairement énoncées ; il indiquerait, en outre, la somme à payer en recevant cette police, et contiendrait cette énonciation que l'assuré doit déclarer à peine de nullité s'il y a d'autres assurances, s'il y a un voisinage aggravant le risque, si l'immeuble est bâti par lui sur terrain d'autrui. La police délivrée le troisième jour après la remise de cet avis, serait définitive et obligatoire.

Cette manière de procéder pourrait se concilier avec l'usage différent admis par les Compagnies à prime fixe et par les Compagnies mutuelles. Dans ces dernières, on fait signer au proposant une adhésion ou pollicitation, et les représentants de la Compagnie signent après coup une police ou acceptation. Dans les Compagnies à prime, au contraire, les représentants de la Compagnie signent d'abord les deux doubles de la police, et l'assuré signe ensuite les deux mêmes doubles, dont un est conservé par lui, et l'autre rapporté à la Compagnie. — Les signatures, dans notre nouveau système, ne pouvant lier les parties qu'après la visite subséquente du courtier, rédacteur de cette police, et par l'apposition de sa signature à l'acte de délivrance, il n'y a pas de différence sous ce rapport entre les deux manières de procéder, quoique celle des Compagnies mutuelles soit plus conforme à la réalité des faits.

Il faudra nécessairement, quand la signature ne sera pas donnée en même temps que la proposition, et en blanc par conséquent, ou quand elle ne sera pas donnée au courtier lors de sa première visite, que celui-ci fasse deux démarches, l'une, en recevant la proposition, pour reconnaître le risque et prendre les renseignements nécessaires à la rédaction de la police, l'autre, après avoir reçu la signature, pour en dénoncer l'acceptation. Mais il n'y a rien d'exagéré à faire deux démarches, et, dans les cas, qui pourront être nombreux, où le courtier sera appelé à recevoir lui-même la signature, il en aura presque toujours un plus grand nombre à faire. Quant à l'avis écrit que nous voulons autoriser le courtier à dénoncer, et qui a pour objet de contrôler la sincérité de la signature reçue par une autre voie, il serait délivré sans frais, dispensé de l'enregistrement, et, pour les Compagnies abonnées au timbre, serait compris dans l'abonnement ; la mention qui en serait faite dans l'acte de délivrance de police, lequel devrait être inscrit par le courtier sur un répertoire spécial, en constaterait suffisamment la remise.

La visite que le courtier fait sur les lieux de l'assurance, a pour objet de le mettre à même de fournir à la Compagnie les renseignements qu'elle lui demandera, quoiqu'elle ait le droit d'aller les chercher elle-même ; mais elle a autant pour objet de le mettre à même de sauvegarder, par la rédaction dont il est chargé, les intérêts de l'assuré, qu'une omission pourrait compromettre : elle sera donc obligatoire. Cependant, quand une assurance se traite au lieu où le courtier est établi, pour un risque situé hors de sa circonscription, il lui sera permis de se contenter des renseignements fournis par l'assuré ; mais alors il devra constater qu'il n'a pas visité les lieux et par conséquent n'a pas été à même de suppléer à l'insuffisance de ces renseignements. Dans les cas ordinaires, la visite des lieux, quoique forcée, n'est jamais qu'officieuse, et n'engagera la responsabilité du courtier que dans le cas d'omission grave et facile à éviter : ce qui engagerait sa responsabilité, ce serait d'avoir négligé d'appeler l'attention de l'assuré sur les déclarations qu'il doit faire pour être en règle ; toutes les fois qu'il sera mentionné dans la police que les bâtiments ne sont pas construits par l'assuré sur terrain d'autrui, qu'il n'existe pas dans le voisinage de risque plus dangereux par la construction ou l'usage des bâtiments, ou par la nature des objets et marchandises qui s'y trouvent, qu'il n'y a pas sur le même risque d'autres assurances, — si quelqu'une de ces mentions se trouve inexacte, le courtier n'en sera pas responsable, l'assuré supportera les conséquences de sa réticence, il n'y a que justice à cela. L'intervention du courtier n'aura pas moins été pour l'assuré une sérieuse garantie, qui n'est devenue inutile que par sa faute.

Les courtiers ne pourront être établis que dans les villes où il y a des bourses de commerce, et non pas dans toutes, mais seulement dans les principales ; peut-être même, au début surtout, ne seront-ils nécessaires qu'à Paris. Dans les localités où il n'y aura pas de courtiers, les affaires continueront à être traitées comme elles le sont actuellement, par les mandataires des Compagnies. Il y a une grande différence entre ces mandataires, qui sont parties aux contrats en vertu de leurs mandats, et de simples intermédiaires. Le mandataire représente l'un des deux intérêts en présence, le discute réellement, directement, personnellement avec l'autre partie intéressée ; il n'est pas un tiers qui s'entremet entre les deux intérêts, c'est lui qui signe la police ; les abus qui naissent de l'entremise ne sont plus à craindre. C'est du reste au Gouvernement qu'il appartiendra de déterminer dans quelles localités l'établissement des courtiers d'assurance terrestre sera nécessaire ; ils seront, sous ce rapport, dans la même situation que les autres courtiers. L'institution des courtiers n'empêchera dans aucun lieu l'établissement des succursales et des mandataires des Compagnies.

Les courtiers offrent au public des garanties pécuniaires, des garanties de moralité et de capacité, qui sont déterminées par la législation sur cette matière ; nous n'avons pas besoin d'en parler, notre idée est assez éclaircie sans cela.

Nous n'avons fait du reste qu'effleurer le sujet, nous efforçant d'indiquer, non de développer notre pensée. A cela seul nous avons borné nos efforts dans tout le cours de cet écrit. Nous allons maintenant présenter dans un court résumé l'ordre et l'enchaînement de nos idées.

RÉSUMÉ.

Définir le contrat d'assurance et le distinguer des autres contrats aléatoires a été notre point de départ. Nous avons ensuite recherché l'essence de l'assurance, et nous lui avons trouvé un caractère complexe, comprenant la double opération d'un contrat et d'une association. Nous avons après cela examiné la prime, et nous l'avons trouvée tantôt fixe, tantôt variable, suivant l'organisation des Compagnies, ce qui nous a conduit à examiner cette organisation. Laissant de côté les sociétés anonymes bien connues de tous, nous nous sommes principalement attaché à la mutualité, dans laquelle nous avons voulu séparer les règles du contrat et les règles de l'association. L'examen de ces dernières nous a conduit à rechercher, et les garanties particulières au système de la mutualité, qui sont l'application saine et entière des principes de ce système, et les garanties communes aux deux systèmes, qui sont le perfectionnement continuel et l'unité du tarif, la réduction des commissions à des proportions rationnelles, et l'établissement d'une corporation de courtiers d'assurance terrestre. Voilà le cadre qui renferme à peu près tout ce que nous avons dit dans cet écrit.

Pour conclure, nous allons donner une formule de police mutuelle; elle sera conforme aux principes que nous venons d'énoncer, et sera divisée en cinq parties :

1° Statuts;

2° Conditions générales;

3° Conditions particulières et adhésion de l'assuré;

4° Acceptation de la Compagnie;

5° Acte de délivrance par le courtier.

Les conditions générales embrassent toute la théorie du contrat d'assurance, et les solutions que nous adoptons sur diverses questions mériteraient des développements; mais nous ne pourrions les tenter sans sortir du cadre étroit que nous venons de tracer. Notre intention, en produisant cette formule, est seulement de montrer, par un exemple, que la pratique peut facilement rendre sensible la différence des clauses de l'association mutuelle et des clauses du contrat d'assurance; le texte tout seul atteint suffisamment cet objet, nous n'y ajouterons rien.

POLICE

D'ASSURANCE MUTUELLE.

—◆—

STATUTS.

—

FONDATION, OBJET, DURÉE DE LA SOCIÉTÉ.

Art. 1er. Il est établi une société d'assurance mutuelle sous la dénomination de ......, entre les propriétaires d'objets mobiliers et immobiliers qui ont adhéré et ceux qui adhéreront aux présents statuts.

Toutes personnes qui, sans être propriétaires des objets, ont intérêt à leur conservation, notamment tous assureurs qui voudraient les réassurer, peuvent faire partie de la société.

Le siége social est établi à Paris.

Art. 2. L'objet de la société est d'assurer à ses membres, contre l'incendie, contre l'explosion du gaz à éclairer, contre le feu du ciel lors, même qu'il ne causerait pas d'incendie, et contre la démolition ordonnée pour empêcher la communication du feu :

1º Les objets mobiliers ou immobiliers appartenant à l'assuré ou dont il est responsable ;

2º Les objets immobiliers à l'usage de l'assuré comme locataire, pour le cas où il en serait responsable, aux termes des art. 1733, 1734 du Code Napoléon ;

3º Les objets mobiliers ou immobiliers appartenant à des voisins, pour le cas où l'assuré en serait responsable, par suite de communication de feu, en vertu des art. 1382, 1383, 1384 du Code Napoléon.

Art. 3. La société ne garantit pas ses membres contre les incendies qui pourraient résulter de la guerre, de faits militaires quelconques, d'émeute populaire, d'explosion de manufactures ou magasins de poudre à tirer ou fulminante, de volcans ou tremblements de terre.

Elle ne répond en aucun cas des dégâts résultant de l'ouragan, de la tempête, des trombes.

Elle ne répond dans aucun cas des objets perdus ou volés.

Elle ne garantit que contre la destruction matérielle des objets désignés dans la police, et nullement contre les autres inconvénients, quels qu'ils soient, pouvant résulter du sinistre.

Art. 4. Elle peut donner en réassurance tout ou partie des risques garantis par elle.

Art. 5. Le plein de chaque risque, c'est-à-dire la somme la plus élevée qu'il soit permis à la société d'assurer sur ce risque, est fixé au cinquième du capital annuel de la société au moment de l'assurance. Ce plein ne peut, dans aucun cas, s'élever au-dessus de 500,000 fr. Le conseil d'administration aura le droit de réduire ce plein en respectant les contrats existants. Il n'aura pas le droit de réduire au plein les assurances qui l'auraient excédé au moment de l'assurance.

Art. 6. Tout sociétaire est en même temps assureur et assuré. L'association n'est que le mode d'assurance : cependant l'existence de la société est indépendante des divers contrats dont elle est la conséquence.

Ses opérations consistent à souscrire des contrats d'assurance et de réassurance, à résilier ou remplacer les anciens, et à maintenir la société en possession d'un capital assuré de quarante millions, ainsi qu'à exécuter et faire exécuter les contrats en cours.

La société sera mise en activité quand elle aura atteint ce chiffre de quarante millions. Si elle redescendait au-dessous, elle serait immédiatement mise en dissolution.

Art. 7. La durée de la société est fixée à trente années à partir du décret d'autorisation.

La durée de l'engagement réciproque du sociétaire et de la Compagnie est fixée d'accord entre eux lors du contrat d'assurance.

CAPITAL SOCIAL.

Art. 8. Le capital de la société varie suivant la valeur et la nature des objets assurés par elle. Dans chaque contrat les parties classent le risque assuré d'après sa gravité, guidées dans cette classification par le tarif annexé aux conditions générales. On calcule d'après cette classification l'obligation maximum de chaque sociétaire. La somme de ces obligations maximum forme le capital social.

Ce capital est annuel. La société ni le sociétaire ne peuvent être tenus au delà pour une seule année. Ils peuvent être tenus jusque-là pour chaque année. Si les charges d'une année excédaient ce capital, les impôts à la charge directe de la société et les frais de réassurance seraient d'abord prélevés. Puis les indemnités dues ou payées pour les sinistres de l'année, et les frais de courtage dont il est parlé ci-après, seraient réduits au marc le franc.

Le sociétaire qui entre dans la société ou en sort pendant le courant de l'exercice, n'en est pas moins tenu pour son maximum annuel entier. Mais il ne contribue qu'aux sinistres arrivés pendant la durée de son assurance et à la portion des frais d'administration et de courtage afférente à cette durée.

Les payements à la charge de la société pourront être faits par anticipation, sans attendre la fin de l'exercice social, mais à la condition expresse de restitution s'il y avait lieu à réduire au marc le franc comme il est dit ci-dessus.

Art. 9. Le tarif dont il vient d'être parlé sera calculé de manière à ce que le maximum représente, autant que possible, cinq fois la moyenne de contribution annuelle. Chaque sociétaire, en recevant sa police d'assurance, versera dans les mains du directeur un dépôt égal au quart de son maximum de garantie. Ce dépôt servira de fonds de roulement pour faire face aux dépenses sociales, et sera renouvelé à la fin de chaque année par la contribution sociale. Le conseil d'administration pourra augmenter la quotité de ce versement, sans toutefois qu'il puisse dépasser la moitié du maximum.

Art. 10. A l'expiration de l'année sociale, il sera dressé un état général des charges sociales, comprenant : les sinistres arrivés dans le cours de l'année, le solde du compte de réassurance, les impôts, les frais d'administration et de courtage dont il est parlé ci-après, et le solde du compte de non-valeurs.

Les sinistres non encore réglés seront évalués par approximation, de manière que l'on n'ait à reporter sur un exercice ultérieur que la différence du règlement à l'évaluation, soit en plus, soit en moins.

Les charges de l'année, ainsi fixées, seront réparties entre les sociétaires au prorata de leur maximum de garantie.

Chaque sociétaire payera la part de contribution à sa charge sur la quittance du directeur chargé d'en poursuivre le recouvrement. Aucune somme quelconque ne pourra lui être réclamée au-delà de ladite part contributive et unique, si ce n'est sa part contributive au prorata de son maximum de garantie dans le versement au fonds de réserve qui aura été ordonné par le conseil général.

Il n'y a aucune solidarité entre les sociétaires, qui ne sont obligés que jusqu'à concurrence du maximum de garantie annuelle fixé par la police.

Art. 11. Tout sociétaire pourra, s'il le juge à propos, prendre connaissance, au siége de la société, soit de la situation du fonds de prévoyance ou de réserve, soit de tout autre compte qui pourrait le concerner.

POLICE D'ASSURANCE.

Art. 12. L'association et l'assurance, qui sont la conséquence l'une de l'autre, se feront par pollicitation et acceptation dans les formes suivantes :

Le proposant déclarera adhérer sans réserve aux statuts de la société et se soumettre aux conditions générales d'assurances qui y sont annexées, sous le mérite des conditions particulières qu'il énoncera ; cette adhésion devra être précédée du texte imprimé des statuts et des conditions générales.

Cette pollicitation sera purement et simplement rejetée ou acceptée par la société ; si elle est acceptée, elle sera immédiatement inscrite sur un répertoire des assurances qui sera tenu à cet effet jour par jour ; le proposant sera définitivement lié par le seul effet de cette acceptation, si dès la veille il n'a pas révoqué sa pollicitation par acte extrajudiciaire et à ses frais ; il lui sera délivré une police qui contiendra, outre le texte imprimé des statuts et des conditions générales : 1° une copie exacte et entière de l'adhésion, certifiée par le directeur et l'un des administrateurs ; 2° un certificat de l'acceptation de ladite adhésion et de son inscription au répertoire, délivré par le directeur, vu et approuvé par l'administrateur.

Art. 13. Les polices d'assurance et les quittances annuelles doivent faire mention de la durée et de l'expiration de l'assurance, et de la date où s'opère la tacite reconduction.

ADMINISTRATION.

Art. 14. La société sera administrée par le conseil général des sociétaires, par un conseil d'administration près duquel est placé un comité de censure, et par un directeur.

CONSEIL GÉNÉRAL.

Art. 15. Le conseil général sera composé des cent plus forts assurés suivant l'ordre du tableau qui sera dressé chaque année par le conseil d'administration. Chacun d'eux pourra se faire représenter par un mandataire pris parmi les autres sociétaires et qui ne pourra se charger de plus d'un mandat ni se présenter en même temps pour son compte.

Les directeurs des Compagnies réassurées pourront assister aux séances, mais avec voix consultative seulement.

Art. 16. Les membres qui devront faire partie du conseil général seront prévenus du jour, de l'heure et du lieu de la réunion quinze jours d'avance, tant par lettres que par insertion dans deux journaux de Paris consacrés à la publicité légale des actes de société.

Il ne pourra délibérer valablement s'il ne réunit le tiers au moins de ses membres. Les décisions seront prises à la majorité absolue des suffrages.

Si cependant une première convocation était restée sans effet, faute par les membres qui doivent composer le conseil de s'être présentés, une seconde convocation aurait lieu avec le même délai de quinzaine, et dans ce cas les délibérations prises par la majorité des membres présents, quel que soit le nombre de ceux-ci, seront valables, pourvu qu'elles n'aient porté que sur les objets mis à l'ordre du jour de la première convocation.

Aucune modification aux statuts ne peut être valablement adoptée que si la moitié au moins des membres du conseil général se trouve réunie, et si la modification est adoptée par les deux tiers au moins des membres présents.

Art. 17. Le conseil général représente l'universalité des membres de la société, et ses décisions obligent chaque sociétaire ou ses ayants cause.

Art. 18. La mission du conseil général consiste à :

Nommer les membres du conseil d'administration :

Nommer un comité de censure ;

Nommer le directeur et approuver le forfait passé avec lui pour les frais généraux par le conseil d'administration ; le révoquer ;

Approuver le forfait relatif aux frais de courtage ;

Arrêter définitivement les comptes présentés par le directeur et provisoirement admis par le conseil d'administration et le comité de censure ;

Statuer sur toute proposition émanant du conseil d'administration, des censeurs ou du directeur ; aucune proposition ne pourra être soumise au conseil général sans que l'objet en ait été sommairement indiqué, tant dans la lettre de convocation que dans l'insertion aux journaux.

Art. 19. Le conseil général sera convoqué au moins une fois chaque année, dans les premiers jours qui suivront la fin de l'exercice social, pour arrêter les comptes sociaux et fixer le quantum de la contribution.

Il pourra être convoqué extraordinairement par le directeur, les censeurs ou le conseil d'administration.

Le compte rendu de chaque séance sera délivré à tous les sociétaires.

Art. 20. Aucune modification aux statuts, adoptée par le conseil général, ne sera valable qu'à dater de l'approbation du Gouvernement, et même après cela n'aura d'effet rétroactif ni ne sera applicable aux contrats en cours.

CONSEIL D'ADMINISTRATION.

Art. 21. Le conseil d'administration est composé de douze membres au moins ; il est renouvelé chaque année par quart : les membres sortant pourront être réélus.

En cas de mort, de démission volontaire ou de maladie grave et prolongée d'un ou de plusieurs des membres du conseil d'administration, il sera pourvu provisoirement à son remplacement par les autres membres. Ce choix ne sera valable que jusqu'à la première réunion du conseil général.

Le conseil d'administration est présidé par un de ses membres nommé tous les ans à la majorité des suffrages. En cas d'absence du président, il sera remplacé par le vice-président ; en cas d'absence de celui-ci, par l'un des membres présents désigné par ses collègues.

Les délibérations du conseil d'administration ne sont valables qu'autant que cinq membres au moins sont présents. Elles sont prises à la majorité des suffrages. En cas de partage, la voix du président est prépondérante.

Art. 22. Les fonctions des administrateurs sont gratuites. Ils ne contractent aucune obligation personnelle ni solidaire à raison de l'exercice de leurs fonctions.

Art. 23. Les fonctions du conseil d'administration consistent à :

Accepter ou refuser les propositions d'assurance ; ordonner les réassurances ;

Approuver les règlements de sinistres qui lui sont soumis et ordonnancer le payement des indemnités et des frais dans lesquels il aura soin de ne comprendre aucuns honoraires ni déboursés d'inspecteurs ;

Délibérer sur toutes les affaires de la société, faire tous règlements qui lui paraîtront nécessaires, pourvu qu'ils ne s'écartent pas des présents statuts ;

Soutenir, à la diligence du directeur, tous procès tant en demandant qu'en défendant, et ordonner le payement des frais et condamnations qui en résultent. Toutefois, les procès relatifs au recouvrement des primes sont aux soins et à la charge du directeur seul ;

Transiger et compromettre ;

Stipuler conformément aux présents statuts : 1° les conditions du forfait passé avec le directeur pour l'abonnement des frais généraux ; 2° les conditions du forfait passé avec le directeur ou tout autre capitaliste pour les frais de commissions ;

Arrêter chaque mois les comptes et fixer la portion contributive ; clore les comptes à la fin de chaque exercice et les soumettre au conseil général ; lui rendre compte des opérations de l'année et de la situation de la Compagnie.

Art. 24. Le conseil d'administration pourra nommer, dans les lieux où cela sera jugé nécessaire, des commissions locales composées de trois ou cinq membres. Ces administrateurs doivent être pris parmi les assurés; leurs fonctions sont gratuites; ils ne contractent, à raison de ces fonctions, aucune obligation personnelle ni solidaire.

Ces commissions sont chargées de surveiller, dans leurs localités respectives, les agents de la société et l'exécution des statuts et des règlements émanés de l'administration. Elles transmettent leurs rapports au directeur pour être mis sous les yeux du conseil d'administration.

Art. 25. Le conseil d'administration déléguera le pouvoir d'accepter les propositions d'assurance et de délivrer les polices, dans les circonstances qu'il déterminera, savoir :

Dans les lieux où est établi le siége de la société, au directeur assisté d'un administrateur;

Dans les lieux où il y a des commissions locales, au mandataire de la société assisté de l'un des administrateurs locaux.

Art. 26. Les assurances ainsi acceptées devront être soumises au conseil d'administration dans sa plus prochaine séance. Elles seront définitives si, dans les deux mois de la date de la police, le conseil d'administration n'en a pas notifié la résiliation par acte extrajudiciaire. Elles continueront d'avoir leur effet jusqu'au trentième jour après la date de cette notification, à midi.

COMITÉ DE CENSURE.

Art. 27. Le comité de censure est composé de trois membres élus chaque année par le conseil général, pris dans son sein, et rééligibles.

Art. 28. Les fonctions des censeurs sont gratuites ; ils ne contractent, à raison de l'exercice de ces fonctions, aucune obligation personnelle ni solidaire.

Art. 29. Leur mission consiste à surveiller les opérations et la comptabilité de la Compagnie, et la gestion du directeur.

Ils sont spécialement chargés de veiller à l'exécution des statuts;

notamment en ce qui concerne la forme du compte-rendu annuel, réglée par les articles 40 et 41, et en ce qui concerne le maximum des avantages à réaliser par les personnes qui ont contracté les forfaits indiqués aux articles 38 et 43.

Art. 30. Ils pourront convoquer extraordinairement le conseil général, s'ils le jugent nécessaire.

Dans chaque séance annuelle, ils rendront compte, par un rapport séparé, de leur mission de surveillance, apprécieront la marche, la situation et les comptes de la Compagnie, et signaleront les réformes et améliorations à introduire dans l'administration.

Art. 31. Ils peuvent assister, avec voix consultative seulement, aux séances du conseil d'administration.

DIRECTION.

Art. 32. Le directeur général est nommé par le conseil général sur la proposition du conseil d'administration.

Il peut s'adjoindre un sous-directeur, accepté par le conseil d'administration, dont il demeure responsable.

Art. 33. Les fonctions du directeur consistent à :

Signer les polices d'assurance avec un administrateur ;

Accepter ou refuser les propositions d'assurance, avec le concours d'un administrateur, dans les limites de la délégation dont il est parlé art. 25 ;

Souscrire les réassurances ordonnées par le conseil d'administration ;

Régler les sinistres et en soumettre le règlement au conseil d'administration ; faire tous compromis et actes nécessaires pour arriver à ce règlement ;

Opérer tous les payements à la charge de la Société qui auront été ordonnés par le conseil d'administration ;

Soutenir, au nom du conseil d'administration, tous les procès tant en demandant qu'en défendant ;

Proposer au conseil d'administration toutes les mesures et règlements qui lui paraîtront utiles ;

Convoquer ordinairement et extraordinairement le conseil général et le conseil d'administration ;

Fournir aux censeurs et aux administrateurs tous les renseigne-ments qu'ils réclament.

Art. 34. Il est en outre chargé :

De reconnaître les risques proposés à l'assurance ;

De faire toutes inspections réclamées par l'intérêt de la Compagnie ;

D'instituer tous mandataires et agents locaux dont il demeure responsable ;

De faire tous recouvrements, même judiciaires ; néanmoins il ne peut poursuivre qu'au nom du conseil d'administration, et alors aux frais de la société, le payement des sommes dues par suite de sinistres par tous réassureurs ou garants ;

Du travail des bureaux, de la caisse, de l'exécution des arrêtés et règlements du conseil général et du conseil d'administration, et généralement de toutes les opérations de la Compagnie.

Art. 35. Le directeur assiste, avec voix consultative seulement, aux séances du conseil d'administration. Il ne contracte, à raison de ses fonctions, aucune obligation personnelle ni solidaire ; il n'est responsable que de l'exécution de son mandat.

Art. 36. Le directeur est tenu de fournir un cautionnement de 20,000 fr. dont les titres seront déposés dans la caisse à trois clefs dont il est ci-après parlé. Ce cautionnement pourra être augmenté par le conseil général, sur la proposition du comité de censure ou du conseil d'administration.

Art. 37. Le directeur est chargé des dépenses suivantes, savoir :

Les frais de recouvrement des primes ;

Les traitements d'employés, agents locaux ou placiers (si ces derniers sont appointés en sus des commissions qui leur sont allouées), les frais de correspondance, bureaux, agences, les frais d'inspection (même les honoraires et déboursés des inspecteurs en règlement de sinistres) ;

Les loyers et les impôts, locatifs ou autres, qui ne portent pas sur l'ensemble des opérations de la Compagnie ;

Les insertions et annonces dans les journaux, les circulaires et imprimés, les jetons à distribuer aux membres du conseil général ou d'administration, la fourniture et la pose des plaques, et généralement toutes les dépenses qui ne sont pas mises expressément à la charge de la société par les art. 10 et 40.

Art. 38. Pour subvenir aux charges qui lui sont imposées par l'article précédent, le directeur aura droit à une allocation annuelle qui sera déterminée par le forfait d'abonnement convenu avec le conseil d'administration et approuvé par le conseil général.

Cette allocation sera proportionnelle à la garantie qui forme le capital social annuel, déduction faite de la garantie afférente aux capitaux donnés en réassurance. Elle ne pourra dépasser 5 % de la garantie pour les deux premiers millions de garantie, 2 1/2 % pour les trois millions suivants, et 1 % pour tout ce qui excédera cinq millions.

L'allocation sera perçue par le directeur telle qu'elle sera fixée par le forfait, toutes les fois que les autres charges sociales réunies égaleront 25 % de la garantie. Toutes les fois que la portion de garantie non absorbée sera supérieure ou inférieure à 75 %, l'allocation augmentera ou diminuera dans la même proportion.

Les bénéfices que le directeur pourra retirer de cet abonnement lui tiendront lieu de traitement.

Il pourra, en outre, percevoir des assurés, en dehors du compte social, 1 fr. par chaque police et 1 fr. par chaque plaque qu'il leur délivrera.

Art. 39. Le directeur peut être remplacé ou révoqué, à la charge d'être immédiatement désintéressé des avances qu'il a pu faire, soit pour le compte de la Compagnie, soit pour sa gestion.

COMPTE-RENDU.

Art. 40. A la fin de chaque année, les comptes, préparés par le directeur, approuvés par le conseil d'administration et par le comité de censure, seront arrêtés par le conseil général. Le compte-rendu, soumis à l'approbation du conseil général, sera divisé en cinq chapitres.

Le 1er chapitre, intitulé : *Sinistres*, contiendra dans quatre colonnes et pour chaque sinistre :

1° L'indemnité payée;

2° Les frais de règlement, { dans lesquels n'entreront jamais les honoraires ni les déboursés des inspecteurs;

3° Les frais judiciaires,
4° L'intérêt des avances, } quand il y aura lieu.

On ajoutera les sommes payées aux Compagnies réassureurs, on retranchera les indemnités reçues de ces Compagnies. On sortira le chiffre ainsi obtenu.

Le 2e chapitre, intitulé : *Impôts universels*, contiendra le compte des impôts à la charge de la société, savoir : la patente sociale, s'il en est dû une, l'abonnement au timbre et tous autres impôts portant sur l'ensemble des opérations sociales et ne concernant pas la gestion du directeur.

Le 3e chapitre, intitulé : *Frais de courtage abonnés*, contiendra dans cinq colonnes, et pour chaque année où une commission produisant encore annuité aura été payée :

1° Le montant des indemnités primitivement payées;

2° Le montant des annuités payées jusqu'à l'année dont on rend compte;

3° L'annuité de l'année;

4° La somme dont l'abonné reste en avance, 5° Le bénéfice par lui réalisé, } suivant qu'il résultera des trois premières colonnes,

On sortira le total de la troisième colonne.

Le 4e chapitre, intitulé : *Frais généraux abonnés*, contiendra le décompte, conformément au forfait d'abonnement, des sommes auxquelles le directeur a droit.

Le 5e chapitre, intitulé : *Non-valeurs*, contiendra au débit le montant des recouvrements qui ne pourront être opérés, au crédit le montant des amendes édictées par les art. 6 et 15 des conditions générales, et les revenus produits tant par le fonds de dépôt que par le fonds de réserve. On n'y devra comprendre aucuns frais mis par les présents statuts et par le forfait d'abonnement à la charge du directeur, ni aucune bonification, gratification ou indemnité, qui ne peuvent en aucun cas lui être accordées.

Art. 41. Le compte rendu contiendra en outre un tableau de la répartition mensuelle des charges sociales, la répartition de fin d'année, l'exposé de la situation de la Compagnie, l'état du fonds de réserve et la quotité à verser pour ce fonds par les sociétaires, conformément à l'art. 44 ci-après.

COMMISSIONS.

Art. 42. La Compagnie payera à toutes les personnes étrangères à la société, qui lui procureront des affaires, une commission proportionnelle à la garantie résultant de chaque assurance et à la durée, laquelle ne pourra excéder dix ans.

Art. 43. Les fonds nécessaires au payement de ces commissions seront fournis, au fur et à mesure des besoins, par le directeur ou par tout autre bailleur de fonds, à qui ils seront remboursés par annuités, conformément au traité spécial qui aura été souscrit par le conseil d'administration.

FONDS DE RÉSERVE.

Art. 44. Un fonds de réserve sera formé de la manière suivante :

Si les charges sociales, fixées conformément à l'art. 40, sont inférieures à 40 % de la garantie sociale, un tiers de la différence sera réparti entre les sociétaires au marc le franc de leur garantie, et versé par eux en même temps que la prime et sur quittance séparée.

Art. 45. Le fonds de réserve ne pourra être entamé que dans le cas où la contribution d'une année excéderait 40 % de la garantie, et jusqu'à concurrence de l'excédant. Il pourra être employé en avances pour les payements de sinistres à faire dans le cours de l'exercice social.

Art. 46. A l'expiration de son assurance chaque sociétaire aura le droit de retirer sa part dans le fonds de réserve, ainsi que sa part dans le fonds de roulement ou garantie.

CAISSE.

Art. 47. Le caissier tiendra la comptabilité journalière sous le contrôle immédiat du directeur.

Il ne peut faire aucun payement que sur un bordereau signé par le directeur et visé par un administrateur.

Art. 48. Pour sûreté des valeurs appartenant à la Société, il sera établi une caisse à trois clefs, dont l'une restera entre les mains de l'un des administrateurs, l'autre entre les mains du directeur et la troisième entre celles du caissier.

Le caissier déposera dans cette caisse principale, le dernier jour de chaque semaine, le montant des fonds versés dans ses mains pendant cet espace de temps, pour en être tirés au fur et à mesure des besoins de la direction.

Indépendamment de la caisse principale, le caissier aura une caisse particulière, dans laquelle sera déposée la somme jugée suffisante par le conseil d'administration pour le service courant de la société.

Les fonds disponibles de la société seront placés en bons du Trésor ou déposés dans une caisse publique autorisée, conformément aux arrêtés pris à cet effet par le conseil d'administration.

Lorsque l'état des fonds le permettra, le conseil d'administration pourra doter de pompes à incendie les communes qui lui paraîtront en éprouver le besoin et avoir le plus de droits à cette faveur. Cette dépense sera portée au compte des non-valeurs.

DISSOLUTION.

Art. 49. S'il arrivait que dans le cours de la société la valeur des objets engagés à l'assurance ne s'élevât plus à la somme de quarante millions de francs, le directeur sera tenu de convoquer le conseil général en assemblée extraordinaire pour prononcer la dissolution.

Au cas de dissolution ou à l'expiration du terme pour lequel la société est fondée, si elle n'est pas prorogée, le conseil général nommera les liquidateurs et leur conférera tous les pouvoirs qu'il jugera nécessaires ; à partir du jour de la dissolution, les obligations réciproques des sociétaires cesseront, et le compte de chacun sera réglé et soldé.

Lors de la dissolution de la société, les fonds placés ou en caisse seront appliqués à couvrir les frais de liquidation, et, s'il y a un excédant, il sera réparti entre les membres faisant alors partie de la société, dans la proportion et jusqu'à concurrence de leur dépôt de garantie. S'il reste un excédant, il leur sera réparti proportionnellement à leur part dans le fonds de réserve.

Art. 50. Les contestations qui pourraient s'élever entre le conseil d'administration ou la commission de liquidation, et les assurés ou leurs ayants droit, seront soumises aux tribunaux compétents.

CONDITIONS GÉNÉRALES.

Art. 1ᵉʳ. La Compagnie assure contre l'incendie, l'explosion du gaz à éclairer, le feu du ciel lors même qu'il ne causerait pas d'incendie, et la démolition ordonnée pour empêcher la communication du feu :

1° Les objets mobiliers ou immobiliers appartenant à l'assuré ou dont il est responsable ;

2° Les objets immobiliers à l'usage de l'assuré comme locataire pour le cas où il en serait responsable aux termes des art. 1733, 1734 du Code Napoléon ;

3° Les objets mobiliers ou immobiliers appartenant à des voisins pour le cas où l'assuré en serait responsable par suite de communication de feu, en vertu des art. 1382, 1383, 1384 du Code Napoléon.

Art. 2. La société ne garantit pas ses assurés contre les incendies qui pourraient résulter de la guerre, de faits militaires quelconques, d'émeute populaire, d'explosion de manufactures ou magasins de poudre à tirer et fulminante, de volcans ou de tremblements de terre.

Elle ne répond en aucun cas des dégâts résultant de l'ouragan, de la tempête, des trombes.

Elle ne répond en aucun cas des objets perdus ou volés.

Elle ne garantit que contre la destruction matérielle des objets désignés dans la police et nullement contre les autres inconvénients, quels qu'ils soient, pouvant résulter du sinistre.

Art. 3. Elle n'assure pas les lingots et monnaies d'or et d'argent ; les diamants, pierres fines et perles non montées ; les tableaux, dessins, gravures, sculptures, statues, d'un prix en dehors du commerce ; les billets de banque ou effets de commerce, les titres d'aucune nature.

Art. 4. La durée de la police est fixée par périodes d'années, et si, trois mois avant l'expiration de la période déterminée, aucune des parties n'a manifesté l'intention de faire cesser l'assurance, la police continuera de plein droit pendant une semblable période. La même continuation aura lieu à l'expiration de chaque période, jusqu'à ce que l'une des parties ait déclaré, dans les délais fixés, qu'elle entend faire cesser l'assurance. Les mois complémentaires de l'exercice courant seront ajoutés à la première période. L'exercice commence le 1er janvier à midi, et finit le 1er janvier suivant à midi.

Art. 5. Lors de l'assurance, le risque est classé d'après le tarif et d'accord entre l'assuré et la Compagnie.

En recevant sa police, l'assuré verse d'avance et comptant à la Compagnie un dépôt égal au cinquième de la garantie résultant de cette classification. A l'expiration de son assurance, il a le droit de retirer ce dépôt, déduction faite des payements à sa charge.

A la fin de chaque exercice l'assuré paye sa part de contribution aux sinistres dans la proportion de la garantie qui lui incombe, et sa part de contribution au fonds de réserve dans la même proportion. A l'expiration de son assurance, il a le droit de retirer sa part dans le fonds de réserve lors existant.

Art. 6. A défaut de payement par l'assuré des sommes dont il est tenu, le directeur pourra le mettre en demeure par une lettre recommandée à la poste ou par toute autre voie de droit.

Si dans le mois de cette mise en demeure l'assuré ne s'est pas acquitté, il perd tout droit à indemnité en cas de sinistre. Il continue néanmoins à participer aux charges sociales, et ne peut demander la résiliation de son assurance.

Si dans le mois de la mise en demeure l'assuré ne s'est pas acquitté, le conseil d'administration pourra prononcer la résiliation de l'assurance, et dans ce cas l'assuré perd le droit de retirer ce qui lui revient de son dépôt de garantie et de sa part dans le fonds de réserve.

Si l'assuré en retard vient à se libérer avant que le Conseil d'administration ait prononcé la résiliation, l'assurance reprend tout son effet à partir du lendemain du payement à midi.

Art. 7. Outre la description des objets assurés et des lieux où ils sont situés, leur valeur, leur classification, l'époque où commence l'assurance et sa durée, l'adhésion doit contenir les mentions suivantes de l'adhérent, savoir :

1° S'il y a des risques voisins et quelle est leur nature ;

2° Si les bâtiments sont construits sur terrain d'autrui; l'absence de cette mention entraînera toujours la déchéance;

3° S'ils sont sous le poids d'un bail amphitéotique ou notoirement destinés à être démolis;

4° S'il est propriétaire de tout ou seulement de partie de l'objet assuré, et généralement en quelle qualité il agit;

5° S'il ne fait assurer par la Compagnie qu'une fraction de la valeur des objets, et s'il y a d'autres assureurs.

Le sociétaire qui par réticence ou fausse déclaration aurait induit la société en erreur sur les risques que présentent les objets assurés, serait déchu de tout droit à indemnité en cas de sinistre.

Art. 8. Toute circonstance survenue dans le cours de l'assurance, et qui est de nature à aggraver les risques assurés, doit être dénoncée à la Compagnie, qui a le choix de résilier l'assurance, ou de changer, d'accord avec l'assuré, la classification.

Si l'assuré n'a pas rempli cette formalité, il est déchu de la moitié de l'indemnité due en cas de sinistre. Il est déchu de tout droit à indemnité si le changement survenu était très-grave.

Art. 9. L'assuré doit, à peine de déchéance, déclarer s'il y a d'autres assureurs sur les mêmes objets.

Dans ce cas, aussi bien que dans celui où l'assuré resterait son propre assureur pour une partie, la Compagnie ne supporte dans la perte que sa part proportionnelle.

En aucun cas la Compagnie ne peut être tenue ni au delà des sommes assurées par elle, ni au delà de la perte réelle éprouvée par l'assuré.

Art. 10. L'assurance ne peut jamais être une cause de bénéfice pour l'assuré; elle ne lui garantit que l'indemnité des pertes réelles qu'il a éprouvées. En conséquence, les sommes assurées, les versements opérés, les désignations et évaluations contenues dans la police ne peuvent être invoqués ni opposés par l'assuré comme une reconnaissance, une preuve ou une présomption de l'existence ou de la valeur des objets assurés, soit au moment de l'assurance, soit au moment de l'incendie.

Art. 11. Pour s'assurer, il n'est pas nécessaire d'être propriétaire des objets soumis aux risques; il suffit d'avoir intérêt à leur conservation. Dans ce cas, l'assuré doit déclarer, conformément à l'article 7, quel est cet intérêt. L'assurance ne peut lui profiter plus qu'une vente forcée.

Art. 12. Le risque locatif doit être évalué à la valeur entière des bâtiments quand ils sont occupés en totalité par l'assuré. S'il est évalué plus bas, la Compagnie ne le garantit que dans la proportion de la somme assurée.

Si l'assuré n'occupe qu'une partie des bâtiments, le risque locatif peut être évalué de deux manières : ou à la valeur entière des bâtiments aux conditions ci-dessus, ou d'après le loyer. Dans ce dernier cas, il doit être évalué à quinze fois la valeur du loyer ; la Compagnie en répond alors entièrement, à quelque somme qu'il s'élève ; s'il est évalué à moins de quinze fois le loyer, et que le loyer soit indiqué, la Compagnie en répond, à quelque somme qu'il s'élève, mais seulement dans la proportion de la somme assurée à quinze fois le loyer. Si le loyer n'est pas indiqué, on applique l'alinéa premier du présent article.

Art. 13. Le risque du recours des voisins est évalué par l'assuré ; la Compagnie en répond jusqu'à concurrence de la somme assurée, sans réduction proportionnelle dans aucun cas.

Art. 14. Le contrat d'assurance est résolu, ainsi qu'il a été dit ci-dessus :

1° Par l'expiration de la période d'assurance, quand la Compagnie ou l'assuré a déclaré ne pas vouloir continuer ;

2° Par la volonté du conseil d'administration, quand il y a aggravation de risque, ou quand l'assuré a laissé écouler un mois après une mise en demeure sans opérer les payements à sa charge.

Il est résolu en outre :

3° Par la dissolution de la société ;

4° Par l'extinction du risque, à partir de la notification qui en est faite à la Compagnie ;

5° Par la vente de l'objet assuré ; néanmoins, s'il n'en est pas donné connaissance à la Compagnie, les effets de l'assurance subsistent jusqu'à la fin de l'exercice en cours, sauf application de l'art. 8 ;

6° Par la faillite ou déconfiture, à moins que l'assuré ne donne caution ;

7° Après un sinistre, quelle qu'en soit l'importance, si la Compagnie l'exige ; néanmoins, l'assurance courra encore pendant tout le mois qui suivra celui où se fait la notification de résiliation. Si l'assuré a plusieurs assurances à la Compagnie, elle a le droit de les résilier toutes par une seule et même notification. Pendant le mois qui suit cette notification, l'assuré a le droit de notifier la résiliation des assurances conservées par la Compagnie, qui alors expireront toutes à midi le lendemain du mois qui suit celui de la notification de la Compagnie.

Art. 15. L'assuré qui vend ou cède l'immeuble ou le fonds de commerce assuré, perd tout droit à la restitution de son dépôt de garantie et de sa part dans la réserve, s'il n'oblige pas son acquéreur à continuer l'assurance.

Art. 16. Tout sinistre doit être dénoncé par l'assuré au directeur de la Compagnie, au plus tard dans les quarante-huit heures à partir du moment où il se sera manifesté, s'il a eu lieu dans le département de la Seine ; s'il a eu lieu dans un autre département, il doit être dénoncé dans le même délai à l'agent de la société, et, à défaut d'agent résidant dans la localité, au juge de paix, qui en transmettra immédiatement l'avis.

Cette déclaration doit indiquer l'époque précise du sinistre, sa durée, ses causes connues ou présumées, la nature et la valeur approximative du dommage. Elle est consignée sur un registre à ce destiné ; récépissé en est délivré au déclarant.

Faute par l'assuré d'avoir fait cette déclaration dans ledit délai, il perdra le dixième de l'indemnité à laquelle il aurait droit. Faute de l'avoir faite dans la quinzaine du sinistre, il sera déchu de tout droit à indemnité.

Il ne doit être procédé au déblaiement, autant que possible, qu'après l'arrivée du mandataire spécial de la société.

Art. 17. L'assuré est tenu de fournir, dès qu'il le pourra, l'état certifié par lui des objets incendiés, avariés et sauvés, et d'en justifier par tous les moyens et documents en son pouvoir.

L'assuré qui exagère sciemment le montant du dommage, soit en supposant détruits par le feu des objets qui n'existaient pas au moment du sinistre, soit en dissimulant tout ou partie des objets sauvés, est déchu de tout droit à indemnité, aussi bien que celui qui a causé volontairement l'incendie.

Art. 18. Immédiatement après la remise de l'état des pertes, le mandataire de la société procédera amiablement, s'il est possible, a l'estimation des dommages causés par le feu et par tous les accidents qui en seront la conséquence, ainsi que des frais de déplacement qui auraient été faits des objets assurés, dans le but de les soustraire à l'incendie.

Si l'assuré n'agrée pas l'estimation de l'agent de la société, une autre estimation sera faite par un seul expert, si l'assuré et la société peuvent s'entendre sur son choix; sinon par deux experts, dont un nommé par la société et l'autre par l'assuré. En cas de partage d'opinion les deux experts pourront en choisir un troisième, et s'ils ne s'entendent pas sur ce choix, le troisième expert sera nommé par le président du tribunal civil dans l'arrondissement duquel seront situés les objets incendiés.

Art. 19. La mission des experts consistera :

1° A établir la consistance et la valeur au moment de l'incendie des objets soumis au risque;

2° A constater la valeur des débris, des objets simplement avariés et des objets sauvés;

3° A fixer le montant de la perte réelle éprouvée;

4° A rechercher la cause et l'origine du sinistre.

Les bâtiments sont évalués à leur valeur, étant neufs, au moment du sinistre, dont on déduit la différence du neuf au vieux.

Les mobiliers personnels sont évalués à leur valeur vénale au moment du sinistre, ainsi que les objets de mobilier industriel et commercial.

Les matières, denrées et marchandises sont évaluées au cours du jours de l'incendie, auquel on ajoute les frais de fabrication s'il s'agit de produits, complets ou incomplets, d'une fabrique.

Art. 20. Cette expertise servira de base au règlement de l'indemnité qui aura lieu entre l'assuré et le mandataire de la Compagnie, conformément aux conditions générales et particulières de la police.

L'assuré ne peut faire le délaissement, ni des objets sauvés, ni des objets simplement avariés, ni des débris.

La Compagnie a toujours le droit de faire remplacer, réparer ou reconstruire si elle le juge convenable.

Pour les bâtiments élevés sur terrain d'autrui, la Compagnie ne sera tenue, au delà de la valeur comme démolition, qu'en cas de reconstruction, au fur et à mesure des travaux, et seulement jusqu'à concurrence desdits.

Les frais de sauvetage, d'expertise et de règlement sont supportés par la Compagnie.

Art. 21. Le règlement sera soumis à l'approbation du Conseil d'administration, qui ordonnera le payement de l'indemnité et des frais conformément aux statuts.

En recevant son indemnité l'assuré subrogera sans garantie la société dans tous ses droits contre tous garants quelconques, et s'obligera à opérer toute restitution qui devra avoir lieu aux termes de l'art. 8 des statuts.

ADHÉSION.

Je soussigné   , profession de
demeurant à   , agissant pour
après avoir pris connaissance des statuts ci-dessus de la Société d'assurance mutuelle contre l'incendie la   , déclare y adhérer sans réserve et placer sous la garantie de ladite Société, aux conditions générales ci-dessus et particulières ci-après, jusqu'à concurrence de la somme totale de   , les objets ci-après décrits, savoir :

CONDITIONS PARTICULIÈRES.

	SOMMES assurées.	CLASSIFICATION pour mille francs.
1°		
2°		
TOTAL......		

Cette assurance est souscrite pour une durée de   années, plus les mois complémentaires du premier exercice, à partir du
à midi.

Je déclare me soumettre aux décisions du Conseil général, prises ou à prendre en exécution des statuts et des conditions, tant générales que particulières, ci-dessus. Je m'oblige à verser d'avance, entre les mains du Directeur, la somme de   pour dépôt de garantie, plus celle de deux francs pour police et plaque, et à payer à la fin de chaque exercice social ma part contributive conformément aux statuts et conditions, et d'après la classification ci-dessus.

La présente adhésion est souscrite pour avoir son effet, sauf acceptation du Conseil d'administration, à partir du   à midi.

Fait à   le

Signature de l'adhérent.

ACCEPTATION.

Je soussigné Directeur de   donne acte à M. de l'adhésion ci-dessus transcrite, et déclare que, par arrêté de ce jour, le Conseil d'administration, après avoir accepté toutes les conditions particulières énoncées en ladite adhésion, l'a admis à être membre de la Société, et qu'il a été inscrit en cette qualité sur le répertoire des assurances, sous le n°   , pour la somme de   donnant lieu à la garantie maximum de   . En conséquence, à dater d'aujourd'hui, le sus-nommé, en qualité d'assuré, et la Société, en qualité d'assureur, sont réciproquement obligés à l'exécution des statuts et des conditions générales et particulières ci-dessus.

L'assurance expirera le   à midi, si l'intention de la faire cesser est notifiée avant le   (art. 4 des conditions générales). A défaut de cette déclaration l'assurance recommencera pour une nouvelle période de   années.

Fait à   , le

Le Directeur :

Vu et approuvé :

L'un des administrateurs :

DÉLIVRANCE DE POLICE.

Je soussigné   courtier d'assurance terrestre à
Paris,

Après (ou sans) avoir visité les localités sus-désignées;

Après avoir laissé au sieur   (ou au domicile du sieur
), à Paris, rue   , avis verbal (ou som-
maire) des conditions ci-dessus;

Déclare sincère et véritable le contrat d'assurance qui précède, dont
j'ai délivré une police à chacune des parties y dénommées.

Paris, le

Typ. Charles de Mourgues frères, successeurs de Vinchon,
rue J.-J. Rousseau, 8. — 6385.

9 782019 221164